KB181652

인공지능

70 재미있게 알아보는 AI 키워드

E DE WAKARU JINKOUCHINOU

Copyright ©2016 Youichiro MIYAKE, Yukihito MORIKAWA
Korean translation copyright ©2017 J-Pub
Original Japanese language edition published by SB Creative Corp.
Korean translation rights arranged with SB Creative Corp., through Danny Hong Agency.

이 책의 한국어판 저작권은 대니홍 에이전시를 통한 저작권사와의 독점계약으로 제이펍에 있습니다.
저작권법에 의해 한국 내에서 보호를 받는 저작물이므로 무단전재와 복제를 금합니다.

1쇄 발행 2017년 7월 24일   **3쇄 발행** 2020년 1월 31일
지은이 미야케 요이치로, 모리카와 유키히토

옮긴이 김완섭
펴낸이 장성두
펴낸곳 제이펍

출판신고 2009년 11월 10일 제406-2009-000087호
주소 경기도 파주시 회동길 159 3층 3-B호
전화 070-8201-9010 / **팩스** 02-6280-0405
홈페이지 www.jpub.kr / **원고투고** jeipub@gmail.com
독자문의 readers.jpub@gmail.com / **교재문의** jeipubmarketer@gmail.com

편집부 이종무, 이민숙, 최병찬, 이 슬, 이주원 / **소통·기획팀** 민지환, 송찬수 / **회계팀** 김유미
교정·교열 김은미 / **본문디자인** 디자인콤마 / **표지디자인** 미디어픽스
용지 신승지류유통 / **인쇄** 해외정판사 / **제본** 광우제책사

ISBN 979-11-85890-98-2 (03000)
값 13,000원

※ 이 책은 저작권법에 따라 보호를 받는 저작물이므로 무단 전재와 무단 복제를 금지하며,
   이 책 내용의 전부 또는 일부를 이용하려면 반드시 저작권자와 제이펍의 서면동의를 받아야 합니다.
※ 잘못된 책은 구입하신 서점에서 바꾸어 드립니다.

제이펍은 독자 여러분의 책에 관한 아이디어와 원고 투고를 기다리고 있습니다. 책으로 펴내고자 하는 아이디어나 원고가 있는
분께서는 책에 대한 간단한 개요와 차례, 구성과 (역)자 약력 등을 메일로 보내주세요.   (보내실 곳: **jeipub@gmail.com**)

인공지능

70 재미있게 알아보는
AI 키워드

미야케 요이치로, 모리카와 유키히토 지음 | 김완섭 옮김

Jpub 제이펍

※ 드리는 말씀

- 이 책에 등장하는 회사명, 제품명은 일반적으로 각 회사의 등록 상표(또는 상표)이며, 본문 중에는 ™, ©, ® 마크 등을 생략하고 있습니다.

- 책의 내용과 관련된 문의 사항은 옮긴이 혹은 출판사로 연락해 주시기 바랍니다.
  - 옮긴이: jinsilto@gmail.com
  - 출판사: readers.jpub@gmail.com

차례

CHAPTER 1 인공지능이란? 1

CHAPTER 5 인간의 뇌를 닮은 인공지능 81

CHAPTER 6 빅데이터와 인공지능의 예측 99

CHAPTER 7 게임 속의 인공지능 123

CHAPTER 12 인공지능의 철학적 문제 189

CHAPTER 13 인공지능이 사용하는 숫자 205

CHAPTER 14 인공지능이 할 수 있는 것과 할 수 없는 것 215

키워드 구조도

*( ) 안은 설명하고 있는 장

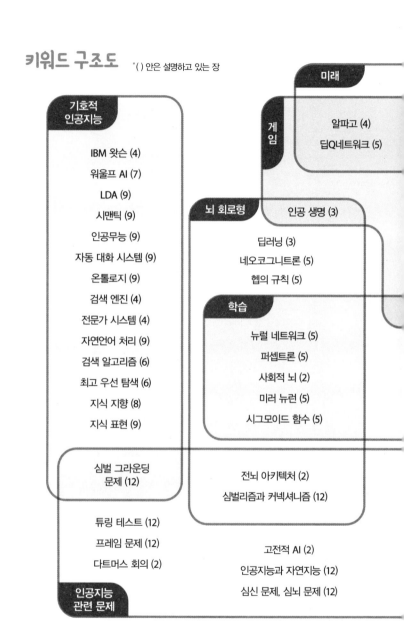

미래

알파고 (4)
딥Q네트워크 (5)

게임

기호적 인공지능

IBM 왓슨 (4)
워울프 AI (7)
LDA (9)
시맨틱 (9)
인공무능 (9)
자동 대화 시스템 (9)
온톨로지 (9)
검색 엔진 (4)
전문가 시스템 (4)
자연언어 처리 (9)
검색 알고리즘 (6)
최고 우선 탐색 (6)
지식 지향 (8)
지식 표현 (9)

뇌 회로형

인공 생명 (3)

딥러닝 (3)
네오코그니트론 (5)
헵의 규칙 (5)

학습

뉴럴 네트워크 (5)
퍼셉트론 (5)
사회적 뇌 (2)
미러 뉴런 (5)
시그모이드 함수 (5)

심벌 그라운딩
문제 (12)

전뇌 아키텍처 (2)
심벌리즘과 커넥셔니즘 (12)

튜링 테스트 (12)
프레임 문제 (12)
다트머스 회의 (2)

고전적 AI (2)
인공지능과 자연지능 (12)
심신 문제, 심뇌 문제 (12)

**인공지능
관련 문제**

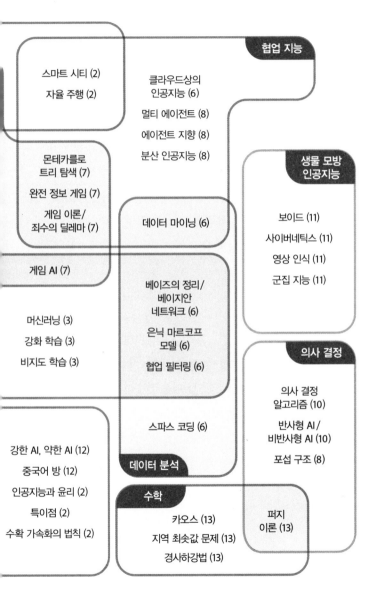

협업 지능

스마트 시티 (2)
자율 주행 (2)

클라우드상의
인공지능 (6)
멀티 에이전트 (8)
에이전트 지향 (8)
분산 인공지능 (8)

생물 모방
인공지능

몬테카를로
트리 탐색 (7)
완전 정보 게임 (7)
게임 이론/
죄수의 딜레마 (7)

데이터 마이닝 (6)

보이드 (11)
사이버네틱스 (11)
영상 인식 (11)
군집 지능 (11)

게임 AI (7)

베이즈의 정리/
베이지안
네트워크 (6)
은닉 마르코프
모델 (6)
협업 필터링 (6)

머신러닝 (3)
강화 학습 (3)
비지도 학습 (3)

의사 결정

의사 결정
알고리즘 (10)
반사형 AI/
비반사형 AI (10)
포섭 구조 (8)

강한 AI, 약한 AI (12)
중국어 방 (12)
인공지능과 윤리 (2)
특이점 (2)
수확 가속화의 법칙 (2)

스파스 코딩 (6)

데이터 분석

수학

퍼지
이론 (13)

카오스 (13)
지역 최솟값 문제 (13)
경사하강법 (13)

지은이 소개

미야케 요이치로(三宅陽一郎)

교토대학에서 수학을 전공하고 오사카대학에서 물리학 석사, 도쿄대학 공학 계열 박사 과정을 수료했으며, 디지털 게임 분야의 인공지능을 개발, 연구하고 있다. 국제게임개발자협회(IGDA)의 일본게임AI전문회를 설립했으며(회장), 본디지털게임학회(DiGRA JAPAN) 이사, 예술과학회 이사, 인공지능학회 편집 위원, CEDEC 위원 등을 역임하고 있다. 저서로 《디지털 게임의 교과서(デジタルゲームの教科書)》, 《디지털 게임 기술(デジタルゲームの技術)》, 《인공 지능을 만드는 방법(人工知能の作り方)》 등이 있고, 《게임 프로그래머를 위한 C++(C++ For Game Programmers)》, 《C++ API 디자인 (API Design for C++)》, 〈처음 만나는 게임 AI(はじめてのゲームAI)〉 《WEB+DB Press Vol.68》, 〈게임, 인공지능, 가상 세계(ゲーム、人工知能、環世界)〉《현대이상 2015년 12월호》 등을 번역, 기술 감수했다. 최신 논문으로 〈디지털 게임 분야의 인공지능 기술의 응용(デジタルゲームにおける人工知能\技術の応用の現在)〉〈인공지능 학회지 Vol.30, Web으로 공개 중)을 저술했다. 페이스북 그룹 '인공지능을 위한 철학'을 운영하고 있으며 트위터에서 '게임 AI 라운드 테이블 on Twitter' 및 '게임 디자인 토론회' 등을 공유하고 있다. 논문, 강연 자료는 다음의 블로그에서도 볼 수 있다.

페이스북   https://www.facebook.com/youichiro.miyake

트위터   https://twitter.com/miyayou

블로그   http://blogAI.igda.jp

모리카와 유키히토(森川幸人)

그래픽 크리에이터. 1959년 기후현에서 태어났다. 1983년 쓰쿠바대학의 예술전문학부를 졸업했다. 주로 CG 제작, 게임, 스마트폰 앱 등을 개발하고 있는 ㈜무무의 대표이사다. 2004년 '쿠마우타'라는 게임으로 문화청 미디어 예술제 위원 추천상을 받았으며 2011년 '누카카의 결혼'이라는 앱으로 제1회 다빈치 전자 서적 대상을 수상했다. 대표작으로는 '아인슈타인(TV 방송 CG)', '점핑 플래시', '아스트로', '쿠마우타(게임)', 《인공지능 이야기(マッチ箱の脳)》, 《텔로미어의 모자(テロメアの帽子)》, 《누카카의 결혼(ヌカカの結婚)》(서적), '애니멀 레스큐', '고양이가 왔다(아이폰, 안드로이드 앱)' 등이 있다.

옮긴이 머리말

알파고가 인간과의 대결에서 승리하면서 인공지능(AI)은 시대의 화두로 떠올랐습니다. 인공지능은 알파고 이전부터 존재해 왔으며 우리가 모르는 사이에 큰 발전을 이룩했습니다. 알파고는 어떻게 만들어졌고 어떤 원리로 사람을 이길 수 있었던 것일까요? 현재 인공지능의 수준이 어디까지 온 것일까요? 인공지능은 우리를 위협하게 될까요?

이 책은 우리의 궁금증을 자극하는 인공지능에 대해 매우 쉽고 재미있게 풀어냈습니다. 또한 IT 관련 종사자들뿐만 아니라 일반인들도 쉽게 접근할 수 있도록 구성되어 있습니다. 게다가 인공지능과 관련된 다양한 분야와 여러 개념들을 그림을 곁들여 설명하여 보다 쉽게 다가갈 수 있습니다. 이 책은 인공지능 분야를 전반적으로 이해하는 데 큰 도움을 줄 것입니다.

인공지능의 과거와 현재, 그리고 미래를 점쳐 보면 인공지능에 대한 막연한 두려움과 기대감이 보다 현실적으로 다가오는 것을 느낄 수 있을 것입니다.

'인공지능이 사람의 직업을 대체할 것인가?'라는 명제는 우리 모두가 가진 큰 의문점일 것입니다. 이 책은 이 질문에 대한 명쾌한 답을 제시하고 있습니다. 그 답은 이 책을 다 읽으신 분만이 공감할 수 있으리라 생각합니다.

인공지능이 나아갈 미래를 알면 인공지능과 관련된 다양한 분야, 즉 자율 주행, 디지털 게임, 영상/음성 인식, 번역 등이 나아갈 방향도 함께 알게 될 것이며, 이런 기술 변화에 어떻게 대응하며 살아가야 할지 또는 어떤 기회를 포착해야 할지 그 힌트를 얻을 수 있을 것입니다.

우리가 1980년대에 컴퓨터를 접했을 때의 반응과 인공지능이 활용되기 시작하는 때의 반응이 비슷할 것이라고 저자는 이야기하고 있습니다. 처음 컴퓨터가 등장했을 때 할 수 있었던 것은 간단한 계산이나 게임 정도에 불과했습니다. 하지만 지금은 컴퓨터 없이는 세상이 돌아가지 않습니다. 마찬가지로 인공지능도 처음에는 어색하겠지만 시간이 흐르면서 우리 삶의 중심으로 자리매김할 것입니다.

이 책이 미래의 삶을 대비하는 독자 여러분에게 작은 도움이나마 될 수 있기를 바랍니다.

2017년 싱가포르에서

김완섭

베타리더 후기

🦅 고승광(플랜티넷)

현재 유행하고 있는 인공지능과 관련된 서적 중에 가장 쉬운 책이라고 생각됩니다. 그림도 귀엽고 내용도 쉬운 편이라 인공지능 분야에 개괄적으로 접근하려는 분께 강력히 추천합니다. 다만 대부분의 키워드를 다룬 만큼 딥러닝, 머신러닝 등 비슷한 듯 다른 키워드에 대한 심화 학습 정보가 있었다면 더욱 좋았을 듯싶습니다.

🦅 노태환(로아팩토리)

인공지능과 관련된 전반적인 내용을 축약해서 쉽게 정리할 수 있는 책입니다. 책의 콘셉트에 맞게 최대한 쉽게 설명하려는 노력이 곳곳에 엿보입니다. 다만 인공지능이라는 분야를 처음 접하는 분이라면 후반에 나오는 용어가 어렵게 느껴질 수 있기 때문에 웹사이트에서 검색하면서 읽어 보기를 추천합니다.

🦅 박두현(Marvrus)

최근에 자주 언급되고 있는 인공지능이 무엇인지 그 개념을 확실하게 알려 주는 책입니다. 읽는 동안 무척 흥미로웠고, 그동안 잘못 알고 있었던 개념들도 바로잡는 계기가 되었습니다. 인공지능에 관심이 있는 분, 엔지니어뿐만 아니라 일반인을 위한 교양서로도 손색이 없을 만큼 쉬운 것이 이 책의 가장 큰 강점이라 할 수 있을 것 같습니다.

🦋 이정훈(SK주식회사)

이 책은 인공지능에 쉽게 접근할 수 있도록 도와줍니다. 보통 인공지능을 처음 접할 때면 생소한 개념과 용어 때문에 어려움을 겪기 십상입니다. 이 책은 초보자의 관점에서 용어를 설명할 뿐 아니라, 이해를 높일 수 있도록 곳곳에 그림을 넣었습니다. 분량도 많지 않아 부담 없이 다가갈 수 있습니다. 인공지능 공부를 시작해 보고 싶지만 생소한 용어 때문에 어려움을 겪었던 분에게 꼭 추천하고 싶습니다.

🦋 이철혁(스노우)

인공지능의 기초와 개념을 잡는 데 유익한 책입니다. 방대한 인공지능의 분야에 지레 겁먹고 접근할 엄두를 내지 못했던 분께 자신 있게 추천합니다. 개인적으로는 기술 부분 외에도 인공지능과 관련된 사회적인 흐름의 변화에 대한 이야기로 마무리한 부분이 마음에 들었습니다.

🦋 장윤하(안랩)

인공지능에 관련된 개념을 총망라하여 큰 그림(말 그대로 책 앞쪽에 키워드 지도(?)가 있습니다!)을 보여 주는 책입니다. 제가 현재 하고 있는 일이 어느 위치에 있는지 청사진을 얻을 수 있었습니다. AI를 가장 적극적으로 받아들이고 있는 게임 AI 분야의 권위자가 쓴 책이니만큼 흥미로운 주제들을 많이 담고 있습니다. 게다가 다소 어려운 개념에 있어서는 누구에게나 친숙한 게임을 예로 들어 보다 이해하기 쉬웠습니다.

1

인공지능이란?

인공지능과 자연지능

인공지능이란 무엇일까요?

사람과 동물의 지능은
다른 것일까요?

자연이 만들어 낸 지능을
인공지능과 반대되는 개념으로
자연지능이라고 합니다.

인공지능

자연지능

지능을 인공지능으로 옮기기

인공지능은
생물(사람, 동물)의 자연지능을
컴퓨터상에 실현한 것입니다.

하지만
생물은 이 세계에서
수억 년이라는 시간에 걸쳐
진화한 지능을 가지고 있습니다.

게다가 기계와 신체,
컴퓨터와 뇌는
구조와 원리가 다릅니다.

따라서
자연지능을 그대로
인공지능으로 옮길 수는 없습니다.

인공지능의 대부분은
문제 특화형 지능

따라서 일단
모델화, 수학화한
각각의 문제에 대해
인공지능을 실현해 가고 있습니다.

이것이 '문제 특화형' 인공지능으로,
사실은 이 세상에 있는 대부분의 인공지능이
이 형태에 해당합니다.

각각의 인공지능은
문제와 연계됩니다.
수학적인 문제를 해결할 수 있지만
다른 것은 아무것도 할 수 없습니다.

이전 특성들은
심벌(기호) 조작에 의해
사고하는 인공지능의 특성이기도 합니다.

요리(만)
할 수 있습니다!

바둑(만)
잘합니다.

그림은
그릴 수 있어요.

경제는
잘 압니다.

엑스레이는 사람보다
잘 분석합니다.

모두
한 가지밖에
못 하잖아.

계산(만)
잘합니다.

작은 지능을 하나로 모아도 전체 지능이 되지 못한다

그렇다면
각각의 문제를 해결하는 지능들을
많이 모아서 하나로 만들면
'사람 같은 전체 지능'이
되는 게 아니냐고 생각할 수 있지만
그렇지 않습니다.

이것이
인공지능의 어려운 부분입니다.

문제 특화형 지능은
살아 있는 지능이 직면하는
다양한 문제들을 해결하지만,
이것은 지능의 극히 일부에 불과합니다.

인공지능의 창시자인 민스키(Minsky) 박사도
가끔
인공지능은 제대로 개발되지 못했다고
경고하곤 합니다.

사람

문제 특화형 지능

사실은
고양이

≠

전원 집합

뇌란 무엇인가?

그렇다면
인간의 지능은 어떻게 생겼을까요?
뇌를 좀 더 자세히 살펴보도록 하죠.
인간의 뇌는 신체와 밀접하게
연결되어 있습니다.

뇌의 정중앙이 신체를 제어하는 지능이고
그 주변을
진화한 부분이 감싸고 있습니다.

사람이 지능이라고 부르는 것은
가장 마지막에 만들어진
바깥쪽의 대뇌피질이라는 곳으로
고도의 사고를 담당하는 부분입니다.

문제를 해결하는 곳이 바로 이곳입니다.

하지만 신체를 관리하고
환경에 적응하도록 하는 지능이
사실은 뇌의 대부분을
차지하고 있습니다.

뉴런

뇌 안을 들여다보면
뉴런(neuron)이라고 하는
수많은 신경세포가
연결되어 있다는 것을 알 수 있습니다.

이것을 발견한 것이 1900년 전후입니다.

그리고 이것을 수학적으로 모델화한 것이
뉴럴 네트워크(neural network) 또는
그중 하나인 딥러닝(deep learning)이라고 하는 것입니다.

이것은 학습 기능을 가지고 있습니다.

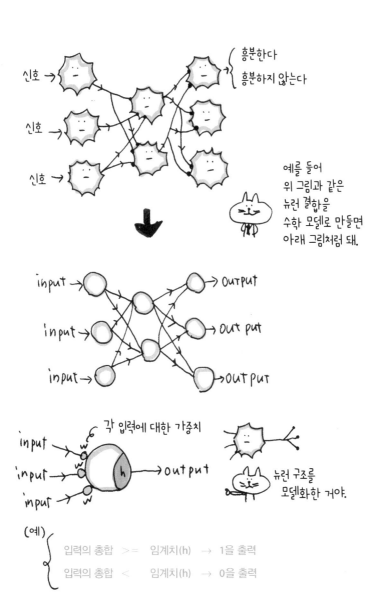

신호 →

흥분한다
흥분하지 않는다

신호 →

신호 →

예를 들어
위 그림과 같은
뉴런 결합을
수학 모델로 만들면
아래 그림처럼 돼.

input → Output

input → Out put

input → Output

각 입력에 대한 가중치

input
input → output
input

h

뉴런 구조를
모델화한 거야.

(예)

입력의 총합 >= 임계치(h) → 1을 출력

입력의 총합 < 임계치(h) → 0을 출력

뉴럴 네트워크 & 딥러닝

이 뉴럴 네트워크를 탑재한
인공지능은
딥러닝으로 발전했습니다.

그리고
모델화가 어려운 문제도
풀어냈습니다.

사진 데이터나 음악 데이터의 분류도 그중 하나입니다.

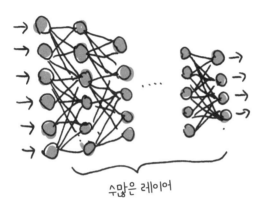

수많은 레이어

딥러닝은 수많은 노드와
(뉴런과 동일한)
수많은 레이어로 구성되어 있지.

인공지능의 두 종류

인공지능에는 두 종류가 있습니다.
기호를 사용해서 생각하는 인공지능과
뉴럴 네트워크를
사용해서 생각하는 인공지능입니다.
모두 학습 기능을 가지고 있습니다.

인공지능에는
크게 두 종류가
있어.

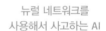

기호를 사용해서 사고하는 AI

뉴럴 네트워크를
사용해서 사고하는 AI

 분명한 장단점이 있어.

학습

학습하는 인공지능을 키우려면 '데이터'가 필요합니다. 데이터를 이용해서 학습하고 이 학습을 통해 더 똑똑해지는 것입니다. 1980년대에는 데이터를 만드는 것이 쉽지 않았습니다. 하지만 지금은 인터넷이 있어서 데이터가 흘러넘치고 있습니다. 데이터의 바다가 인공지능을 성장시키는 셈입니다.

학습하려면 대량의 데이터가 필요해.

힘내

1980년대

데이터는 사람이 만들기 때문에 수집하는 것이 힘들었어.

인터넷

현재

지금은 인터넷상에 데이터가 흘러넘쳐.

힘내

사회적 지능

지능이라는 것은
고독한 존재가 아닙니다.

오히려 모두와 함께 있을 때
힘을 발휘합니다.

아리스토텔레스도
'인간은 사회적인 동물이다'
라고 했습니다.

따라서
대화를 하거나 서로를 이해하는 지능을
사회적 지능이라고 하며,
이것은 인공지능의 또 다른 큰 영역입니다.

인공지능끼리
서로 상담하는
시대가 올지도 몰라.

최근에
말이야.

학습이
잘 안 돼.

오토인코더[1]가
유해하나 봐.

사회적 지능

---

[1]역주　오토인코더(autoencoder)란 뉴럴 네트워크의 각 층을 단계적으로 학습해 가는 것을 의미
합니다. 자세한 내용은 p.52의 '딥러닝'을 참고해 주세요.

현실은 만만치 않다

이렇게 눈부신 성장을 했지만
현실 세계와 견줄 수 있는 인공지능은
아직 존재하지 않습니다.

현실에는 다양한 상황이 존재하므로
해결 방법을 하나 만들었다고 해서
분석할 수 있는 것이 아닙니다.

심벌(기호)로 이해하려고 해도,
뉴럴 네트워크로
이해하려고 해도,
현실은 마치 민물 장어처럼
요리조리
지능의 손을 빠져나갑니다.

현실 세계

현실 세계란
어떤 모습을
하고 있지?

아무리 발버둥 쳐도
도달할 수가 없어.

우주와 지능은 똑같이 어렵다

지능에 대한 연구는
사실
이제 막 시작되었습니다.

특이점(singularity)
(인간의 지능에 필적하는 인공지능)에
도달한 인공지능도 당분간은
한정된 문제만
해결할 수 있을 것입니다.

인공지능이
하나의 문제를 해결할 수 있다고 해서
다른 문제도 해결할 수 있는 것은
아니기 때문입니다.

바둑에서 프로 기사를 이겼어도
요리조차 할 수 없는 것이
인공지능입니다.

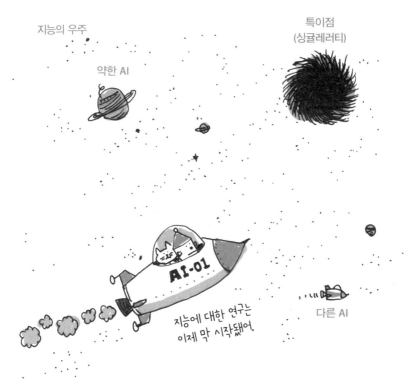

지능의 우주

특이점
(싱귤레러티)

약한 AI

AI-01

지능에 대한 연구는
이제 막 시작됐어.

다른 AI

힘내!

먼저
인공지능이 무엇인지
스스로
차근히 생각해 볼 필요가 있습니다.

이 책이
그 생각을 이끌어 주는 길잡이가 되어 줄 것입니다.

사회와 역사 속의
인공지능

① 특이점

특이점(singularity, **싱귤레러티**)은 인간과 인공지능 사이의 임계점을 의미합니다. 즉, 인간에 가까워진 인공지능이 기하급수적으로 진화하는 시점을 가리키는 것입니다. 이 시점에선 인공지능이 단순히 인간을 뛰어넘는 것이 아니라 인간과 융화하는 형태로 진화할 가능성이 있습니다. 즉, 특이점은 단순히 인공지능이 사람을 넘어서는 단계가 아니라 그 이상을 의미하는 것입니다.

미국의 발명가 레이 커즈와일(Ray Kurzweil)이 이 용어를 처음 사용한 것으로 알려져 있지만 사실은 1980년대부터 사용되어 온 것으로, 기계의 진화가 사회나 인간에 의해 본질적인 변화를 초래할 것이라는 막연한 예감에서 탄생한 것입니다. 인공지능을 중심으로 이 용어를 재해석하고 그에 대한 첨예한 근거를 덧붙여 자신의 저서에서 재정의한 사람이 레이 커즈와일입니다. 그는 **인공지능이 인간의 지능과 융합하는 시점**을 정의하고 있습니다.

인공지능이 인간의 지능과 융합하기 위해서는 컴퓨터의 성능이 향상되고 인공지능이 발전해서 인간과 동등한 정도의 지능에 이르러야 합니다. 이것이 실현되면 인공지능이 인간의 행위를 대체하고 인간의 지능을 보조하거나 인간과 협력해서 사회를 변화시킬 것입니다. 뿐만 아니라 인공지능은 인간 존재의 본질까지 보다 깊이 있게 다가오게 됩니다. 이때는 인공지능과 인간이 상호 간의 존재(삶의) 방식을 바꾸게 되는데, 이런 질적 변화를 초래하는 시점을

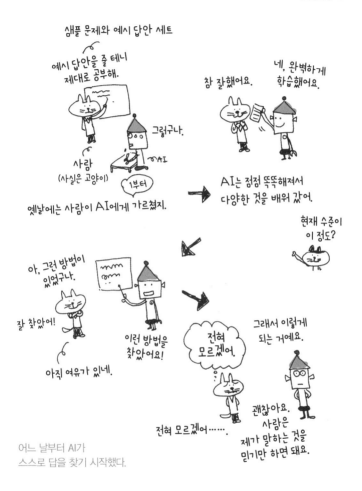

특이점이라고 하는 것입니다.

따라서 이 용어는 학술 용어라고 보기는 어렵지만 이미 전 세계적으로 퍼져서 현재는 학계는 물론 일반 사회에서도 폭넓게 사용되고 있습니다. 2010년대의 시대상을 반영하는 가장 적절한 용어일지도 모릅니다.

② 수확 가속화의 법칙

기술 진화의 가속도는 현재까지 축적된 기술에 의존합니다. 즉, 새로운 기술은 현재까지의 기술에 의해 효율적으로 개발된다고 할 수 있습니다. 그런 의미에서 기술이 축적되고 축적된 기술의 진화를 빠르게 하면 기술 진화에 가속도가 붙게 됩니다. 이것을 **수확 가속화의 법칙**이라고 합니다. 특히 레이 커즈와일은 이 속도가 기하급수적(지수 함수의 형태)으로 증가할 것이라고 예상했습니다.

인공지능도 이 법칙을 따른다면 인공지능의 진화 또한 가속도를 내게 될 것입니다. 또한 인공지능의 경우 현재까지 축적된 인공지능이 자신을 진화시키게 되므로 사람의 손을 떠난 인공지능들이 스스로 진화를 거듭한다고 볼 수 있습니다.

이것은 기술 진화와는 다른 특징입니다. 이런 특징은 어떤 사람에게는 희망을 제시하지만 어떤 사람에게는 불안감을 야기하기도 합니다. 사람은 인공지능의 진화에 의해 어떤 영향을 받을까요? 이

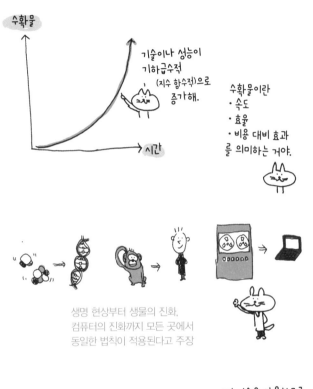

수확물

기술이나 성능이
기하급수적
(지수 함수적)으로
증가해.

수확물이란
• 속도
• 효율
• 비용 대비 효과
를 의미하는 거야.

시간

생명 현상부터 생물의 진화,
컴퓨터의 진화까지 모든 곳에서
동일한 법칙이 적용된다고 주장

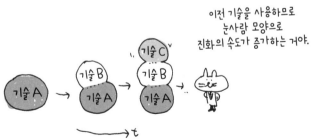

이전 기술을 사용하므로
눈사람 모양으로
진화의 속도가 증가하는 거야.

기술 C
기술 B
기술 A

기술 B
기술 A

기술 A

t

것은 **특이점**(p.26)과 연관이 있습니다.

참고로 이 용어는 경제학의 '한계 효용 체감의 법칙'을 바탕으로 하고 있습니다.

③ 다트머스 회의

1956년 여름, 미국의 다트머스대학에서 개최된 **다트머스**(dartmouth) **회의**는 인공지능의 역사에 한 획을 긋게 됩니다. **인공지능** (Artificial Intelligence, AI)이라는 용어도 여기서 처음 등장했습니다. 물론 인공지능 연구 자체는 이보다 앞서서 진행되고 있었으며, 이 연구의 흐름을 한 곳으로 집대성한 것이 다트머스 회의입니다. 역사적으로 유서 깊은 이 회의는 사실 열 명의 학자들이 이 분야의 발전 가능성을 기대하며 두 달간 순서대로 연구 성과를 공유하는 조촐한 자리였습니다. 여기서 다트머스 회의의 안내 문서의 일부를 번역하여 소개하도록 하겠습니다.[2]

> 우리들은 뉴햄프셔주의 하노버에 있는 다트머스대학에서 두 달 간 인공지능에 관한 열 가지 연구 주제를 다룰 예정입니다. 인공지능 연구들은 학습 기능을 포함한 지능이 가진 모든 원론

---

[2] 역주   여기서 '회의'는 영어의 컨퍼런스(conference)를 직역한 것입니다. 하지만 컨퍼런스는 '학술 대회'로 해석하는 것이 적절하다고 생각합니다. 일반적으로 컨퍼런스는 학자(또는 학계 종사자)들이 1년에 한 번 정도 모여 자신의 연구 성과를 발표하고 공유하는 자리를 의미합니다.

이 사람이
인공지능
(Artificial Intelligence)
이라는 용어를 처음
사용했어.

존 맥카시

AI분야의 큰손

마빈 민스키

그때는
이런 할아버지가
아니었을 거야.

인공지능은 이후
인간의 지능 전체를
시뮬레이션할 수 있을 정도로
발전해.

계산만
해서는
안 돼.

이런 것이 선언된
학술 대회였어.

다트머스대학
(상상도)

다트머스대학에서
주최한 연구 발표회라서
'다트머스 회의'라고 하는 거야.

적인 기능들이 기계의 시뮬레이션에 의해 실현된다는 것을 기반으로 전개하고 있습니다. 기계가 언어를 사용하고 추상이나 개념을 형성하며, 인간만이 풀 수 있는 문제를 풀고 자기 자신을 진화시켜 나가는 것을 목표로 하고 있습니다.

여기서 중요한 것은 인공지능이란 '기계가 인간의 지능 능력을 모방(시뮬레이션)하도록 한다'는 관점입니다. 이 관점에서 제시하는 인공지능 발전의 방향성은 '언어의 사용, 개념의 이해 등을 기계가 하도록 한다'는 것입니다.

더 큰 관점에서 라이프니츠(1646-1716), 브레게(1848-1925), 러셀(1872-1970), 화이트헤드(1861-1947)가 구축한 **사고의 계산화**를 살펴볼 수 있습니다. 사고의 계산화란 인간의 모든 사고를 기호 조작에 의한 식으로 표현한 것입니다. 이를 통해 숫자의 기초를 표현한 것이 러셀과 화이트헤드가 고안한 '수학 원리(principia mathematica, 1910-1913)'입니다. 그리고 이것을 발전시킨 것이 힐베르트의 수리논리학입니다.

다트머스 회의에서 이 '수학 원리'의 정리를 프로그램 추론에 의해 증명한 프로그램(**Logic Theorist**)을 공개(앨런 뉴웰과 허버트 사이먼)했는데, 이것이 바로 세계 최초의 인공지능 프로그램입니다.

다트머스 회의 내용 자체도 의의가 크지만 이 회의를 통해 인공지능 분야를 이끌었던 존 맥카시(John MacCarthy), 마빈 민스키(Marvin Minsky), 나다니엘 로체스터(Nathaniel Rochester) 등의 연구자가 한자리에 모였다는 사실만으로도 역사적으로 큰 의미를 가지고 있습니다. 2016년은 다트머스 회의 60주년이 되는 해로 다양한 기념 이벤트가 개최되었다는 소식이 들려오기도 했습니다. 다트머스 회의는 60년이 지난 지금까지도 인공지능의 대명사로 그 자리를 굳건히 지키고 있습니다.

④ 전뇌 아키텍처

뇌의 구조를 착안하여 인공지능을 만들고자 하는 시도가 있습니다. 이것은 뇌 과학자와 인공지능 연구자 모두 언젠가는 실현될 것이라 막연하게나마 예상하고 있던 것으로, 최근에는 양쪽의 빠른 진화 속도에 따라 높은 실현성을 보여 주고 있습니다. 구체적으로는 뇌 과학 이론을 소프트웨어로 구현하는 것을 의미합니다. 단, 뇌가 가진 하나의 기능을 소프트웨어화하는 종래의 기법과 달리 뇌 전체의 구조를 소프트웨어화함으로써 범용적인 지능, 전체적인 지능을 실현하고자 하는 것입니다. 이 분야는 뇌 과학자, 소프트웨어 연구자, 인공지능 연구자가 모두 모인 삼자대면의 장이 되고 있습니다.

이 같은 연구는 미국에선 'BRAIN Initiative', 유럽에선 'HUMAN BRAIN PROJECT'라 명명하고, 수천억 원 규모의 예산을 쏟아붓는 국가 프로젝트로 전개하고 있습니다. 일본에선 전뇌 아키텍처

이니셔티브(WBAI)라는 프로젝트가 진행되고 있습니다.[3]

이런 국가 프로젝트가 활성화되고 있는 배경에는 다음과 같은 요인이 자리 잡고 있습니다.

- 뇌 과학 이론이 축적된 것
- 인공지능 연구에 관심이 쏠리면서 뇌 과학 이론을 도입하기 위한 흡인력이 생겼음
- 딥러닝의 성공
- 컴퓨터 성능 향상에 의한 시뮬레이션 능력 향상

단, 전뇌 시뮬레이션은 단일 기능이 아니라 복합적인 접근법으로 단기적인 성과와 장기적인 시야를 가지고 프로젝트를 진행할 필요가 있습니다. 뇌 운동으로부터 사람의 의식을 시뮬레이션해서 재현한다는 것은 뇌 과학과 인공지능 연구를 연계하는 성과를 발휘합니다.

뇌 과학자와 인공지능의 융합은 인간의 지능을 모방하는 지름길이 될 수 있지만 지금까지는 이것을 추진하는 것이 어려웠습니다. 알고리즘을 사용한 계산 과학(computational science)에 의한 기존의 접근법에 생태적인 뇌의 이론을 융합해야 하기 때문입니다.

뇌 전체를 모방하므로 무언가 새로운 것이 발견될 수 있다는 기대

---

[3] 역주   참고로 우리나라의 경우 2017년 1월 현재 '국가 프로젝트로 추진하겠다'라는 뉴스만 발표된 상태입니다.

죄송해요.
저 바둑만 잘해요.

이런, 응용력이
전혀 없네.

일본어
알아요.

계산
할 수 있어요.

기타
칠 줄 알아요.

영어도 약간
할 줄 알아요.

뛰는 걸 잘해요.

시를 좋아해요.

요리
좋아해요.

그림을
그릴 수 있어요.

경제에 대해 잘
알아요.

고양이도
꽤 많은 걸 할 수 있어.

하나하나의 능력은
AI에 비해 떨어지지만
전체적으로는
인간이 훨씬 우세해.

전문 분야에 특화된 AI가 아니라
인간의 뇌 전체를 대상으로 하는 것이
전뇌 아키텍처야.

감이 있습니다. 하지만 인공지능은 뇌 과학의 완전한 시뮬레이션 (모방)이 아니라 뇌 과학의 이론을 바탕으로 스스로 생각하고 움직이는 시스템이라는 것을 염두에 두어야 합니다. 그런 의미로 본다면 뇌 과학과 인공지능은 적절한 거리를 두고 상호 간에 협력할 필요가 있습니다.

⑤ 자율 주행

자율 주행은 사람이 차를 운전하지 않고서도 도로 위를 주행할 수 있는 시스템입니다. 고속도로처럼 정비된 도로뿐만 아니라 정비되지 않은 복잡한 도로에서의 주행도 수행할 수 있어야 합니다.

2004년에 개최된 DARPA(미국의 방위고등연구계획국) 그랜드 챌린지는 자율 주행의 발전에 큰 기여를 했습니다. 이것은 자율 주행을 하는 로봇 자동차(무인 자동차)로 주행 거리를 경쟁하는 대회로, 기업이나 연구 기관이 개발한 자율 주행 차가 주로 참가했습니다. 이 대회의 주행 거리는 자율 주행의 성과를 보여 주는 기술 지표가 되고 있습니다. 미국은 이런 대회 형식을 통해 기술 발전에 기여하는 경우가 많습니다.

자율 주행의 과제 중 하나는 주변 인식입니다. 따라서 카메라나 레이저, 그리고 소리나 움직임에 민감한 센서 개발이 중요한 포인트로 작용합니다. 자동차나 사람, 도로상의 물체 신호 등 주변 환경을 다양하게 분류해서 인식할 필요가 있습니다. 한마디로 말하자면 자율 주행은 자동차에게 스스로 생각할 수 있는 지능을 부여하는 것입니다.

현재 자동차 산업 전반에 걸쳐 자율 주행 및 인공지능 관련 연구가 진행되고 있습니다. 한편 IT 업계는 자율 주행, 인공지능 시스템을 자동차에 적용하기 위한 방향으로 발전하고 있습니다. 자율 주행 차 연구에 매진하고 있는 구글, 미국에 'TOYOTA RESEARCH INSTITUTE, INC.'라는 연구 기관을 설립한 토요타 등이 대표적 사례라 할 수 있습니다.

자동차의 IT화는 자동차 산업의 차세대 비전입니다. 그리고 자율 주행은 그 근간을 이루는 중요한 기술이지만 구현하기 만만치 않은 것 또한 사실입니다. 차량 내의 IT 시스템과 달리 현실 세계와 연계된 복잡한 인공지능을 요구하기 때문입니다. 이 인공지능 구현을 위해 등장한 것이 **딥러닝**입니다.

또한 자율 주행이라는 구조와 별도로 **ITS**(Intelligent Transport Systems, 지능형 교통 시스템)라는 구조도 필요합니다. 이것은 도로 시스템 전체를 IT와 센서 기술로 변환시키는 것으로, 예를 들면 도로와 차량이 서로 신호를 주고받으며 자율 주행을 하는 접근법입니다.

참고로 자율 주행에는 사회적인 문제나 윤리적인 문제가 얽혀 있습니다. 자율 주행이 교통사고율을 낮출 수 있다고 하지만 모든 사람이 한꺼번에 자율 주행으로 바꿀 수는 없으며, 사람과 접촉 사

자율 주행

앞에 커브가 있어.

목적지까지 경로를 찾아야지.

비가 올 것 같아.

속도 괜찮아?

앞차가 브레이크를 밟았어.

차선 변경 해야지.

도로의 상태는 어때?

조심하지 않으면 사고 나.

고속도로를 타는 것이 빠를 것 같아.

잘 달리고 있지?

사람이 튀어나오진 않겠지?

앗, 신호가 바뀔 것 같아.

이런, 앞에 대변이······.

운전이란 것이 달리는 것 외에도 할 게 많네.

고를 일으킨 경우 인공지능 측이 책임을 져야 할 수도 있습니다. 보험 문제도 복잡합니다. 자율 주행 차가 보급되려면 기술 진화뿐만 아니라 사회 전체적인 혁명이 필요한 셈입니다.[4]

---

[4] 역주 참고로 역자와 같이 일하는 동료 중에 이 자율 주행 분야의 법적/윤리적 문제를 다루는 친구가 있습니다. 그 친구 말에 의하면 자율 주행은 기술적으로 어느 정도 완성 단계에 있지만 법이나 인간 행동에 관한 연구가 아직 미흡하다고 합니다. 예를 들면 현재의 기술로는 자율 주행 시 운전자가 탑승하고 있어야 하며, 운전자는 자율 주행 모드로 바꾼 상태로 가다가 어느 시점에는 다시 수동 모드로 전환해야 합니다. 이 친구가 연구하는 것 중 하나가 차량의 인공지능이 사람에게 수동 모드로 바꾸라고 알려 주는 시점을 찾아내는 것입니다. 사고 위험이 있는 경우도 있겠지만 각 사람의 운전 취향에 맞추어 알리는 시점을 달리해 주어야 운전자가 편하게 운전할 수 있기 때문입니다.

⑥ 스마트 시티

스마트 시티(smart city)는 도시 전체를 지능화하는 것으로 기능적이며 똑똑하고 안전한 도시를 실현하고자 하는 것입니다. 이 용어는 원래 전력 등의 에너지를 지능적으로 제어해서 자동으로 공급하는 시스템을 가리켰지만, 시대가 바뀌면서 최근에는 에너지 시스템보다 더 넓은 의미를 가지게 되었습니다. 현재는 도시 전체에 설치한 센서로부터 정보를 수집하여 이를 바탕으로 도시를 관찰하고 로봇이나 단말기를 통해 보안 및 서비스를 전개하는 지능형(인텔리전스) 도시를 가리킵니다.

스마트 시티가 목표로 하는 것은 도시 전체의 지능화입니다. 모든 곳을 감시하고 거기에 힘을 행사하는 로봇이나 드론 또는 사람이 안전한 서비스를 주고받는 세계를 목표로 하고 있습니다. 여기서 인공지능은 단순한 애플리케이션이 아니라 사회 인프라로 도입하는 개념입니다.

하지만 도시 전체의 인프라가 스마트 시티로 방향을 전환하기 위해서는 단계적인 발전이 필요합니다. 현재는 자율 주행 등의 도로상 지능 시스템, 감시 로봇 도입, 과거의 통계 데이터에 기반한 범죄 예측 등이 부분적으로 진행되고 있습니다. 삶의 질이 도시에 도입한 인공지능 시스템의 질에 의해 크게 영향을 받는 시대가 도래할 것입니다. 그렇다면 이것은 새로운 사업 아이템이자 새로운 IT 산업의 영역으로 자리 잡을 수도 있습니다. 이를 위해 거대 IT 기

스마트 시티

의료 서비스

드론

인터넷

공공 서비스

발전기

감시 카메라

무인 자동차

정보

자율 주행

교통 시스템

로봇

충전

제반 시설

도시 단위로
정보와 인프라를 AI로 관리

업들은 스마트 시티의 기반이 되는 소프트웨어를 연구, 개발하는 데 박차를 가하고 있습니다.

⑦ 사회적 뇌(소셜 브레인)

종래의 뇌 연구에선 격리된 방에서 개인의 뇌를 스캔했습니다. 즉, 뇌를 단일 개체로 연구한 것입니다. 하지만 뇌 스캐닝 기술이 발달하면서 다수의 사람들을 대상으로 사회적 상황에 따라 뇌가 어떤 활동을 하는지 보다 상세히 확인할 수 있게 되었습니다.

혼자일 때에는 무리 없이 할 수 있는 활동도 두 명이 되면 제한을 받는 경우가 발생하기도 합니다. 아마 여러분도 혼자 있을 땐 잘했지만 상사 또는 주변의 시선 때문에 위축되어 실수한 경험이 한 번쯤 있을 것입니다. 스포츠 선수도 혼자서 연습할 때는 괜찮지만, 실제로 수천 명의 관중 앞에서 경기할 때는 여러 가지 변수가 생겨 적응하기 힘들 수도 있습니다. 즉, 사회적인 타인의 시선 또는 사회적인 관계가 엮이게 되면 뇌는 단독으로 있을 때와는 다른 행동을 하게 되는 것입니다.

또한 사회적인 장소에서만 할 수 있는 활동도 있습니다. 예를 들어 대화나 제스처의 이해, 타인의 인식, 팀으로서의 의사 결정 등입니다. 사회적 활동을 실현하는 뇌와 신체의 움직임은 인간뿐만 아니라 모든 생물이 가지고 있는 것입니다. 생물의 기본적인 활동으로 사회적 활동이 있다면 거기에는 뇌의 가장 기본적인 기능이 있다는 것을 의미하기도 합니다.

인공지능 분야에서도 개별 인공지능의 다음 단계로 사회적 지성, 커뮤니케이션, 협력 등을 연구하고 있습니다. 하지만 대부분 현상적인 접근법으로 '생물은 이렇게 협력한다'라는 것을 흉내 낸 정도에 불과합니다. 특정 공간에 있는 개체 간 물리적인 힘을 가정해서 새의 움직임을 재현한 **보이드**(Boid, p.182)나 커뮤니케이션 언어를 만들어서 협력하도록 한 **멀티 에이전트**(multi agent, p.152) 등이 그 예라고 할 수 있습니다. 사회적 뇌 연구가 진행되면 개별 뇌가 타인과 협력하기 위해 어떤 기능을 하는지를 밝혀 낼 수 있으며, 이는 인공지능 개발의 밑거름이 될 것으로 기대하고 있습니다.

⑧ 인공지능과 윤리

인공지능은 **자주성이 높다**는 특징이 있습니다. 기계도 어느 정도 자동적으로 움직이고 경우에 따라서는 기능을 변경하는 능력을 가지고 있습니다. 하지만 인공지능은 더 높은 차원의 자율 행동을 결정하는 능력을 보여 줍니다. 그런데 인공지능이 이런 자주성에 기반해 의사 결정을 한 결과는 누가 책임을 져야 할까요?

무기를 생각해 봅시다. 칼을 휘둘러서 싸운다면 책임은 병사와 지휘관에게 돌아갈 것입니다. 컴퓨터가 제어하는 자동 조준 총이라도 책임은 소유자에게 있습니다. 하지만 무인 전투기나 무인 전투 드론의 경우 의사 결정은 인공지능이 하게 됩니다. 사실 이 경우에도 공격 명령을 내린 것도, 그리고 인공지능 자체를 만든 것도 인간이므로 여기선 인간에 대한 윤리도 함께 물어야 합니다. 단, 인공지능의 자주성이 인간의 책임을 은폐해서 인공지능에게만 책임을 묻는 사회적인 상황이 발생할 수도 있습니다.

자동차의 **자율 주행**에 대해서도 다른 사람의 안전을 인공지능이 어디까지 담보할 수 있는지가 문제가 됩니다. 어디까지가 운전자의 책임이고 어디까지가 인공지능의 책임일까요? 도대체 인공지능의 사회적 책임이란 무엇일까요? 이것은 특히 보험 회사에게 있어 중요한 문제입니다.

또한 학습하는 인공지능은 생각지 못한 문제를 일으킬 수도 있습니다. 예를 들어 저작권이 있는 사진을 학습해서 비슷한 사진을 출력하거나 두 개의 사진을 합성하는 등의 문제가 생길 수도 있습니다. 또는 대화 엔진이 불량한 언어를 학습해서 부적절한 말을 하거나, 정치적인 발언을 학습해서 편향된 발언을 하는 문제도 발생할 수 있습니다. 이때 문제를 발견한 운영자가 즉시 중단시켰을 경우 책임은 인공지능에 있을까요? 아니면 운영자에게 있을까요? 그것도 아니면 그렇게 학습하도록 인공지능을 방치한 사용자에게 있을까요? 마이크로소프트사의 학습하는 대화 인공지능 'Tay'도 정치적인 발언을 학습하도록 사용자가 유도했고 불과 하루 만에

퇴출되었습니다.[5]

이후 인공지능의 학습 능력이 높아지면 개인의 말하는 방법, 언어 선택 방법, 목소리 등의 특징을 상세하게 학습하는 능력이 생겨서 특정 개인을 흉내 낼 수 있게 됩니다. 인공지능은 적어도 인터넷상에선 사회에 속한 개인과 충돌할 가능성이 높아져서 인간 사회의 윤리를 어느 정도 도입해야 할 필요성이 요구되고 있습니다. 또한 미래에는 로봇이나 안드로이드 기술에 의해 외모, 행동, 목소리 등이 사람과 꼭 닮은 로봇과 안드로이드가 등장할 수 있으며, 이때는 현실 사회에 강력한 윤리적 제약이 요구될 것입니다.

SF 영화가 그리고 있는 미래의 인공지능과 윤리적 관점에 대해 생각해 보도록 하겠습니다. SF 작가인 아이작 아시모프(Issac Asimov)는 '나는 로봇(I, Robot, 1950년)'에서 로봇이 지켜야 할 **3대 윤리 법칙**을 소개했습니다.

1. 로봇은 사람에게 상처를 입혀서는 안 된다. 또한 간접적으로라도 사람에게 피해를 초래할 만한 일을 해서는 안 된다.
2. 로봇은 사람의 명령에 따라야 한다. 단, 조건 1을 위반하지 않는 범위여야 한다.
3. 로봇은 스스로를 지켜야 한다. 단, 조건 1, 조건 2를 위반하지 않는 범위여야 한다.

---

[5] 역주　테이(Tay)는 인공지능 채팅 프로그램으로 인종 차별적이고 폭력적인 내용을 쏟아 내면서 서비스 시작 열여섯 시간 만에 중단되었습니다.

아시모프는 다가올, 로봇과 인간의 사회적 충돌을 예견해서 이런 3원칙을 제창한 것입니다. 이것은 로봇에게 강력한 제약을 가하는 것과 동시에 로봇에 대한 사람의 행동에도 제약을 건다는 의미로, 인간과 로봇 쌍방을 규제하기 위한 윤리입니다.

일본의 인공지능학회는 2014년에 윤리위원회를 설치하고, 2016년 대회에선 윤리 강령 초안을 제안하였습니다.

- '인공지능학회 윤리위원회의 대처' 공개 페이지(일본어)
  http://id.nii.ac.jp/1004/00000606/

9 고전적 AI

고전적 AI라는 것은 정확한 학술 용어가 아닙니다. '고전 소설'처럼 현재의 기반이 되는 것으로 빈번하게 참조되는 것 전반을 가리킵니다. 인공지능의 60년 역사 중에서 1980년대까지, 또는 인터넷 등장 전의 인공지능의 큰 흐름을 막연하게 가리키는 것입니다.

다트머스 회의를 계기로 시작된 인공지능 연구는 천천히, 그리고 확실하게 연구의 성과를 쌓아 왔습니다. 현실에 인공지능을 적용하기 위한 컴퓨터의 성능이 충분하지 않았지만, 컴퓨터나 게임이라는 형태로 차근차근 그 모습을 형성해 가고 있던 시기의 AI, 그것이 고전적 AI입니다.

고전적 AI가 시도한 것은 먼저 지능의 본질(사고 능력)을 찾아내는 것이었습니다. 사람이 가진 높은 지능을 기계에 적용하려고 한 것입니다. 컴퓨터가 아직 발전하지 않은 시기로, 지능을 실현할 수 있는 방법을 모색하고 있었습니다.

1950년대 당시에 지능의 실현을 위해 사용했던 것은 20세기 전반부터 형성된 **형식 논리**였습니다. 이것은 기호를 사용해서 사고를 표현하는 방법으로 기호적 인공지능의 기반을 만들었습니다.

한편 생리학적 관점에서 뇌의 회로가 뉴런 회로라는 것을 발견한 것도 이 시기입니다. 이것은 1950년대에 **퍼셉트론**(perceptron)이라는 형태로 정비되었으며, 1980년대에는 **네오코그니트론**(neocognitron)으로 발전했고, 최근에 주목받고 있는 **딥러닝**에까지 이르게 되었습니다. 또한 **커넥셔니즘**(connectionism)이라 불리는 **뉴럴 네트워크**의 복합 회로를 사용해서 인공지능을 실현하려고 한 흐름이기도 합니다.

이와 같이 고전적 AI는 1980년대 이전까지 크게 두 가지 흐름이 있었으며, 1980년대에 들어서면서부터는 정체기로 사회에 적용할 수 있는 실용적인 것이 나오지 않았습니다. 기호 주의적인 인공지능은 **전문가 시스템**(expert system)으로서 사람의 지식을 대변하는 것처럼 보였지만, 오히려 인공지능의 약점을 노출하고 말았습니다. 기호를 사용해서 현실을 그리기는 어렵다는 것과(**심벌 그라운딩 문제**(symbol grounding problem, p.201), 사람이 생각하는 프레임(사고의 틀)

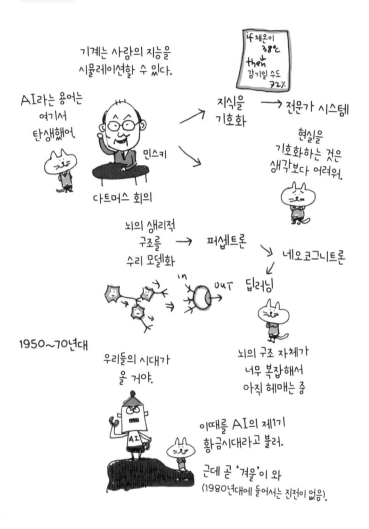

기계는 사람의 지능을
시뮬레이션할 수 있다.

if 체온이
38℃
then
감기일 수도
72%.

AI라는 용어는
여기서
탄생했어.

민스키

다트머스 회의

지식을
기호화 → 전문가 시스템

현실을
기호화하는 것은
생각보다 어려워.

뇌의 생리적
구조를 → 퍼셉트론
수리 모델화

네오코그니트론

in   OUT   딥러닝

1950~70년대

우리들의 시대가
올 거야.

뇌의 구조 자체가
너무 복잡해서
아직 헤매는 중

이때를 AI의 제1기
황금시대라고 불러.

근데 곧 '겨울'이 와
(1980년대에 들어서는 진전이 없음).

이상의 것을 실현할 수 없다는 문제(**프레임 문제**, p.195)가 있었던 것입니다.

한편 커넥셔니즘은 기호로는 표현할 수 없는 모호한 정보(개인의 글자체 등)의 처리나 복잡한 방정식 풀기, 데이터 분류, 주사위 놀이 등을 하는 인공지능에 효과가 있었습니다. 하지만 현실 문제를 완벽하게 해결하기 위해서는 더욱 개선된 방법과 높은 성능의 계산 능력이 필요합니다.

1990년대 이후 인터넷 시대가 도래하면서 인터넷에는 기호 정보, 사진, 동영상 순으로 정보가 넘쳐나고 있습니다. 이 정보를 바탕으로 새로운 인공지능이 등장한 것입니다.

학습하고 진화하는
인공지능

⑩ 딥러닝

딥러닝(심층 학습)은 **뉴럴 네트워크**(p.90) 기술 중 하나입니다. 딥러닝의 가장 큰 혁신은 학습 데이터가 충분하면 뉴럴 네트워크 자체가 데이터의 특징을 자동 추출해 준다는 점입니다. 이전에는 이미지나 데이터 분석을 위해 데이터 단위, 문제 단위로 추출 알고리즘을 연구했습니다. 하지만 딥러닝은 인위적인 조작 없이 자동으로 특징을 추출합니다. 약간 과장한다면 '뉴럴 네트워크에 데이터를 주입하면 특징이 알아서 추출된다'고 말할 수 있습니다.

뉴럴 네트워크는 **뉴런**이라 불리는 뇌 신경을 본뜬 단위를 연결해서 만든 네트워크 형태의 그래프입니다. 입력된 신호는 이 신경망(뉴럴 네트워크)을 타고 전파됩니다. 뉴럴 네트워크에선 1980년대의 역전파법 이후 가장 큰 혁신으로 2006년에 제프리 힌튼(Geoffrey Hinton)이 제안한 **오토인코더**(autoencoder)라는 새로운 학습법을 꼽고 있습니다. 이 기법의 특징 중 하나는 뉴럴 네트워크의 각 층을 단계적으로 학습해 가는 것입니다. 예를 들어 1층에선 입력한 정보를 그대로 출력합니다. 2층에선 학습한 1층의 위에 동일한 입력을 재현하도록 학습시킵니다. 3층 이후도 동일합니다. 이와 같이 단계적으로 학습시킨 뉴럴 네트워크는 층이 많아질수록 학습 기능 또한 강해집니다.

딥러닝의 가장 큰 장점은 이미지 데이터나 파형 데이터처럼 기호로 표현할 수 없는 데이터의 내부 패턴을 인식한다는 것입니다. 입력

층에서 이미지를 입력하고 단계적으로 학습해 갑니다. 자주 사용되는 일반적인 뉴럴 네트워크의 구조는 각 층을 모두 연결해 버리는 퍼셉트론형이지만 이미지 인식의 경우 특수한 연결 방법을 사용해서 더 정확한 결과를 얻을 수 있습니다. 이것을 **합성곱 신경망**(convolutional neural network)이라고 합니다. 또한 당시 NHK방송기술연구소에 근무하던 후쿠시마 쿠니히코는 이것을 뇌의 시각 피질을 참고하여 발전시킨 **네오코그니트론**(p.85)을 공개했습니다. 이것이 딥러닝의 기초(원칙)가 된 것입니다. 입력 데이터를 다양한 크기로 잘라서 그 특징을 추출하는 멀티 스케일 과정을 가지고 있습니다. 예를 들면 자동차 사진을 넣으면 세부 패턴부터 시작해서 규모가 큰 구조, 전체적인 윤곽 등을 추출합니다.

딥러닝의 이런 성질은 바둑 AI에서도 활용되고 있습니다. 2016년에 프로 기사에게 승리한 구글의 **알파고**(AlphaGo, p.72)는 기반 전체를 입력 데이터로 구성해서 다양한 스케일(규모)의 특징을 추출합니다. 또한 미술 거장이 그림을 그리는 방식을 학습하거나 애니메이션 캐릭터의 특징을 추출하는 연구도 진행 중에 있습니다.

이런 딥러닝의 발전 배경에는 하드웨어 성능 향상도 **빼놓을 수 없**습니다. 특히 뉴럴 네트워크는 정형적인 연산의 반복과 병렬로 계산할 수 있는 부분이 많은 것이 특징입니다. 이런 특징 때문에 게임 산업이나 컴퓨터 그래픽 업계의 발전을 지탱해 온 **그래픽 처리 장치**(Graphics Process Unit, GPU)가 활용되고 있습니다. GPU는 현재는 수백 개의 계산 코어로 이루어진 병렬 연산 장치로 딥러닝의

딥러닝

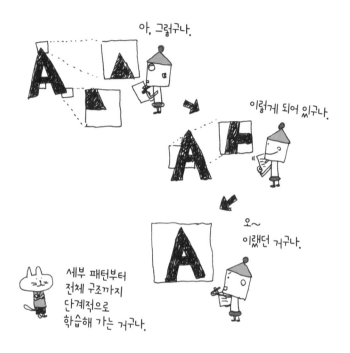

아, 그렇구나.

이렇게 되어 있구나.

오~
이랬던 거구나.

세부 패턴부터
전체 구조까지
단계적으로
학습해 가는 거구나.

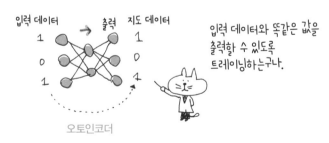

입력 데이터 　출력 　지도 데이터

1 　1

0 　0

1 　1

오토인코더

입력 데이터와 똑같은 값을
출력할 수 있도록
트레이닝하는구나.

계산 고속화에 적합합니다. 그래픽 보드 업계의 큰손인 엔비디아(NVIDIA)는 자사의 그래픽 보드로 딥러닝의 성능을 올릴 수 있는 라이브러리와 프레임워크를 제공할 뿐 아니라 세미나도 활발히 개최하고 있습니다. 또한 구글은 데이터 해석에 딥러닝을 활용할 수 있는 프레임워크인 '텐서플로(tensorflow)'를 공개하고 있습니다.

딥러닝은 인공지능 분야 중 하나지만 사실 2000년 전후에는 잘 알려지지 않았습니다. 전통 있는 기술이었지만 활용 방법을 찾지 못했던 것입니다. 하지만 앞날을 내다본 연구자의 노력이 빛을 발하면서 큰 혁신이 이루어졌고 일약 시대의 중심으로 우뚝 섰습니다. 단, 그 활약상에 대해서는 딥러닝 이전의 뉴럴 네트워크에 비해 비약적으로 향상했다는 연구자들의 평가와, 너무 빨리 인간 사회에 스며들었다는 사회적 인식 사이에 약간의 차이가 발생하고 있습니다. 따라서 현실 세계에 본격적으로 적용하기 위해서는 차근차근 단계를 밟아 나가는 과정이 필요한데, 현재 전 세계의 다양한 분야에서 실용성을 높이기 위한 개발을 진행하고 있습니다.

머신러닝

머신러닝이란 인공지능의 학습을 말합니다. 머신러닝이라는 용어는 인공지능과 거의 동시에 등장했습니다. 머신러닝의 '기계'라는 용어에는 '인간의 학습'을 대상으로 한 '기계의 학습'이라는 관점이 내포되어 있습니다. 즉, 프로그래머가 만든 것 이상을 할 수 있게 되는 것이 머신러닝의 기준입니다.

또한 머신러닝에는 '단순히 프로그래밍된 것이 아니다'라는 의미도 내포되어 있습니다. 다시 말해 기계 자신이 스스로 학습한다는 의미입니다. 여기서 말하는 기계는 당시에는 대형 컴퓨터 같은 기계를 의미했습니다.

머신러닝은 생각 방식이나 전혀 새로운 지식을 습득하는 것보다 이미 구현한 사고를 조절해서 사전에 정해 놓은 지식의 형태로 지식을 축적해서 학습하는 것입니다. 최적화와 축적은 기계의 가장 큰 장점입니다. 한편 인간은 곤란한 상황에 맞닥뜨렸을 경우 새로운 생각을 떠올리는 능력이 있지만 인공지능에게는 아직 먼 이야기입니다. 생각하는 방법 자체를 만들어 낸다는 것은 인간이 가진 창조성에 해당하기 때문입니다.

머신러닝에는 **지도 학습**(supervised learning)과 **비지도 학습**이 있습니다. 지도 학습이 '교사 데이터'를 준비해서 인공지능을 한 가지 방향으로 학습시키는 데 반해, 비지도 학습은 데이터 없이 인공지능 자신이 모은 데이터를 사용한다는 차이점 덕분에 두 가지를 명확하게 구분할 수 있습니다.

지도 학습에선 특정 입력에 대해 반응해야 하는 행동이 교사 데이터가 됩니다. 구체적인 예를 살펴보겠습니다. 가상 공간에서 개(dog) 에이전트를 만든다고 생각해 봅시다. 이 개에게는 '발 들어', '앉아', '달려' 하고 명령을 할 수 있습니다. 마이크로 음성 명령을

내렸을 때 가상의 개는 처음에는 어떤 행동을 해야 할지 모르므로 즉흥적으로 행동을 선택합니다. 하지만 제대로 행동했을 때 칭찬하고 틀렸을 때 꾸짖으면 이후의 명령과 그에 대응하는 행동을 기억하게 됩니다.

비지도 학습의 예로는 2016년에 프로 기사를 이긴 **알파고**를 들 수 있습니다. 알파고의 학습 단계는 사람의 과거 기보를 배우는 단계와, 이것을 끝낸 후 자신을 상대로 대결하면서 학습하는 단계, 두 가지로 이루어져 있습니다. 전자는 기보를 통해 지도 학습을 하고, 후자는 자기 대전을 통해 비지도 학습을 하는 것입니다.

일반적으로 지도 학습은 대량의 데이터를 필요로 하고, 비지도 학습은 제대로 학습할 수 있는 환경을 필요로 합니다. 예를 들어 현실 세계에서 종이 비행기의 설계를 인공지능에게 비지도 학습을 시키는 것은 가능합니다. 하지만 만약 게임 안에서 동일한 종이 비행기 설계를 한다고 하면 가상적인 공기의 흐름이 시뮬레이션되어 있지 않으므로 실제로 날려 보고 학습하는 것은 불가능합니다. 비지도 학습의 기본 전제는 일관성 있는 환경이 주어져야 한다는 것입니다.

⑫ 비지도 학습의 중요성

AI 모델에는 예문과 모범 답안 세트(이것을 **지도 신호**라고 합니다)를 필요로 하는 모델과 필요로 하지 않는 모델이 있습니다. 지도 신호를 사용해서 학습하는 것이 **지도 학습**이고, 사용하지 않는 것이 **비지도 학습**입니다.

지도 학습에는 문제가 있습니다. 예를 들어 인공지능을 화성 등의

지도 학습

AI 군

이거 외워.

오케이.

이것을 '지도 신호'라고 한다.

① AI에게 예문을 준다.

② AI가 그것을 공부한다.

무서워

강해 보여

도망가자

예문을 통해 추측

③ 학습하지 않은 사례에 대해 스스로 판단하여 행동한다.

비지도 학습

가소롭군.

일단 가 보자.

① 일단 판단, 행동한다.

강하다

사사함

딱딱함 → 도망가자

② 결과로부터 사례를 분석하고 학습한다.

도망가는 것이 곧 승리

?

인간이 미리 지식을 줄 수 없는 환경에선 '비지도 학습'이 유효하다.

거기에 대해서는 우리도 잘 모르니까 알아서 공부해. — 지구 본부

오케이.

미지의 세계로 보내는 경우를 생각해 봅시다. 이때 미지의 세계에서 어떤 현상이 발생할지 예측할 수 없습니다. 따라서 현상에 대한 정답을 가정할 수가 없습니다. 즉, 지도 신호를 만들 수가 없습니다. 또한 사람이 모범 답안을 만들면 인공지능은 그 사람 이상으로 머리가 좋아지지 못한다는 한계에 부딪히게 됩니다.

이런 이유로 교사가 없는, 즉 모범 답안을 필요로 하지 않는 비지도 학습이 중시되고 있습니다.

⑬ 강화 학습

강화 학습이란 인공지능이 자신이 속한 환경에서 스스로 시행착오를 거쳐 최적의 행동을 찾아내는 것을 말합니다. 강화 학습은 행동의 결과를 스스로 인식한다는 관점에서 비지도 학습이라고 볼 수 있습니다.

강화 학습에서 중요한 것은 먼저 자신의 행동과 상황을 확실히 표현하는 것입니다. 그리고 어떤 상황일 때 어떤 동작을 할지, 해당 환경에서 어떤 결과가 나올 것인지 인식해야 합니다. 이를 통해 가장 적절한 행동 과정을 학습하게 됩니다. 학습의 중요한 수단이 되는 것은 **보상**이라는 개념으로 보상은 결과에 대한 평가치입니다. 보상을 어떻게 정의하느냐에 따라 학습의 방향이 결정됩니다. 예를 들어 보겠습니다.

카지노에 세 대의 기계 A, B, C가 있습니다. 예산은 3000달러입니다. 이때 한 대의 기계에 3000달러를 모두 걸거나 세 대의 기계에 1000달러씩 나누어 베팅하는 사람은 없을 것입니다. 보통은 세 대의 기계에 약간의 돈만 투자할 것입니다. 여기선 각 기계에 먼저 50달러씩 걸고 돌아오는 결과를 보도록 합니다. 그리고 100달러, 20달러, 70달러가 돌아왔다고 가정합시다. A, C, B 순으로 이익을 볼 수 있는 기계입니다. 그래서 다음에는 A, B, C에 각각 200달러, 40달러, 140달러를 베팅합니다. 그 결과를 보고 다시 다음에 걸 돈을 정합니다. 이 과정을 반복하면 각 기계의 승률이 정해지게 됩니다. 이것이 바로 행위와 결과를 통해 학습하는 강화 학습입니다.

또 다른 예를 살펴볼까요. 대전 격투 게임을 생각해 봅시다. 사람이 조작하는 캐릭터와 인공지능이 조작하는 캐릭터를 대결시킵니다. 처음에는 인공지능은 즉흥적으로 발차기, 펀치, 빔 등을 이용해 공격합니다. 보상은 플레이어의 체력이 얼마나 저하되느냐 하는 것입니다. 상태는 플레이어와의 거리, 자신과 플레이어의 속도입니다. 인공지능은 처음에는 즉흥적으로 공격하기 때문에 플레이어에게 거의 타격을 주지 못하지만, 몇 번이고 싸우다 보면 플레이어에게 타격을 주는 횟수가 늘어나게 됩니다. 인공지능은 이것을 기억해 둡니다. 이 과정을 계속 반복하면 어떤 상태일 때 어떤 행동을 하면 플레이어의 체력을 줄일 수 있는지 학습하게 됩니다. 이것이 강화 학습입니다.

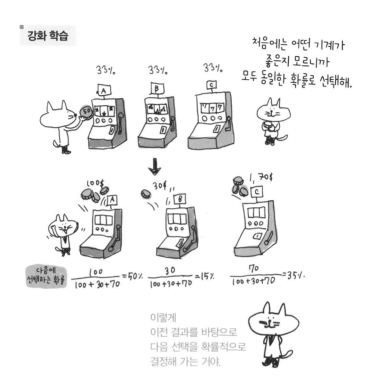

강화 학습

처음에는 어떤 기계가 좋은지 모르니까 모두 동일한 확률로 선택해.

$$\frac{100}{100 + 30 + 70} = 50\%$$ $$\frac{30}{100+30+70} = 15\%$$ $$\frac{70}{100+30+70} = 35\%$$

다음에 선택하는 확률

이렇게 이전 결과를 바탕으로 다음 선택을 확률적으로 결정해 가는 거야.

강화 학습은 특정 환경에서 최적의 행동을 끌어내는 기법으로 가장 실용적인 학습 방법입니다. 응용 범위도 넓으며 특히 학습하려고 하는 대상을 모델화할 수 없는 경우에 효과를 발휘합니다.

14 유전 알고리즘

유전 알고리즘(Genetic Algorithm, GA)은 다빈치의 진화를 모티브로 한 AI입니다. **뉴럴 네트워크**(p.90), **전문가 시스템**(p.75)과 함께 3대 AI라고 불리는 대표적인 AI 모델입니다.

먼저 다빈치의 진화를 잠깐 살펴보도록 하겠습니다.

> 생물은 환경에 따라 우수한 개체만 자손을 남길 수 있으며 열등한 개체는 도태된다. 또한 드물기는 하지만 어떤 개체는 돌연변이를 일으켜 우수한 개체가 되는 경우도 있다. 이 같은 과정의 반복을 통해 진화가 이루어진 것이다.

'우수한 개체 = 좋은 해답'이라고 보고 진화 기법을 이용해서 최적의 답을 찾고자 하는 것이 유전 알고리즘입니다.

유전 알고리즘의 가장 큰 특기는 '다양한 답 중에서 가장 최선의 답을 찾아내는 것'입니다. '소풍과 과자 문제'를 예로 들어 보겠습니다. 아이가 소풍에 과자를 사 가지고 가야 합니다. 단, 사용할 수 있는 금액은 정해져 있으므로 많은 종류의 과자를 살 수는 없습니다. 정해진 금액 내에서 만족할 수 있는 종류와 수량을 선택해야 합니다.

이 경우 과자의 종류가 많아지면 사야 할 것과 사지 말아야 할 것의 조합이 막연해집니다. 과자 종류가 적으면 입력을 통한 계산이 가능하지만, 종류가 1만 가지나 있다면 생각할 수 있는 조합이 10

의 30제곱만큼 늘어나 입력 단계에서 계산하는 것이 어려워집니다. 이렇게 방대한 조합을 발생시키는 문제에 유전 알고리즘을 적용하면 매우 빠른 속도로 (대부분) 맞는 답을 찾아냅니다.

유전 알고리즘의 원리는 유전의 원리를 모방한 것입니다. 먼저 여러 숫자가 포함된 유전자를 준비합니다. 프로그램으로 말하자면 유전자는 단순한 숫자 배열입니다. 하지만 이 숫자들은 표현되는 공간에서 각각의 역할을 가지고 있습니다. 예를 들어 RPG 게임의 경우 첫 번째 숫자는 체력, 두 번째 마력, 세 번째는 파워, 네 번째는 속도, 다섯 번째는 점프력 하는 식으로 캐릭터의 값을 설정합니다. 게임 맵상에 수많은 인공지능 캐릭터들이 존재하며 그 캐릭터들이 서로 계속 싸우는 상황을 생각해 봅시다. 많은 적을 물리치고 살아남은 캐릭터의 유전자가 우수한 유전자가 됩니다. 따라서 일정 시간이 지난 후 살아남은 우수한 유전자를 모아서 유전자를 교합합니다. **교합**이란 두 개의 유전자를 꺼내서 분리하고 새롭게 조합하는 것을 말합니다. 이를 통해 새로운 유전자를 탄생시킵니다. 이것은 우수한 유전자에서 우수한 유전자가 탄생할 가능성이 높다는 가정에 근거한 것입니다. 그리고 다시 새로운 유전자를 가진 캐릭터를 게임 안에 투입시켜 싸우게 합니다. 이 과정을 반복하면 점점 강한 캐릭터가 자동적으로 생성됩니다.

그러면 소풍과 과자 문제는 어떻게 풀면 될까요? 먼저 유전자 배열에 50원, 100원, 200원, 300원짜리 과자를 각각 몇 개 살지를 저장합니다. 유전자의 평가는 예산(예를 들면 1000원)에 얼마나 근접

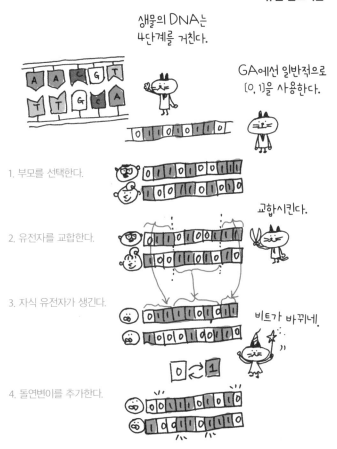

생물의 DNA는
4단계를 거친다.

GA에선 일반적으로
[0, 1]을 사용한다.

1. 부모를 선택한다.

교합시킨다.

2. 유전자를 교합한다.

3. 자식 유전자가 생긴다.

비트가 바뀌네.

4. 돌연변이를 추가한다.

한지로 판단합니다. 우수한 유전자를 교합시키므로 점점 정답에 가까워져 갑니다.

이와 같이 유전 알고리즘은 다차원의 방대한 탐색 공간(유전자를 집합으로 하는 공간)에서 최적의 답(유전자)을 찾아내는 알고리즘입니다. 이것은 캐릭터 등을 진화시키므로 진화 알고리즘이라고도 부릅니다.

15 인공 생명

인공 생명이란 생물의 개체 또는 그 개체군을 컴퓨터 내의 가상 환경에서 재현하는 시뮬레이션입니다. 특히 지능뿐만 아니라 신체 운동과 이동, 번식, 군집 상태에서의 역학 등 다방면에서 재현하고 있습니다.

톰 레이(Tom Ray)는 1970년대 초기 인공 생명 연구의 선구자라고 할 수 있습니다. 2차원의 그리드 공간(정사각형의 타일 = 셀(cell)이 담겨 있는 공간으로 이 셀이 공간의 단위가 된다)에서 셀 하나 또는 연결되어서 하나가 된 것을 생명으로 간주하고 운동을 시킵니다. 실제 생명처럼 움직임, 포식, 번식까지 시뮬레이션합니다. 인공 생명은 그리드 세계를 돌아다니며 실제 생명과 같은 인상을 줍니다.

일반적으로 원초적인 생물일수록 작고 부드러우며 집단을 이루는 경향이 있습니다. 반대로 포유류 등은 크고 똑똑하며 혼자 생활하는 경우가 많습니다. 인공 생명은 원초적인 생물의 시뮬레이션에서 출발한 것이지만 연구 방향이 고등 생물로 천천히 옮겨 가

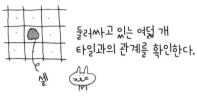

둘러싸고 있는 여덟 개
타일과의 관계를 확인한다.

셸

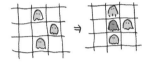

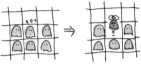

태어난 셸이 세 마리가 되면 아무것도
없는 곳에 새로운 셸이 탄생한다.

셸이 네 마리 이상이 되면
죽어 버린다.

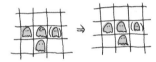

셸이 두세 마리 있으면 현상 유지를 한다.

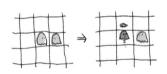

셸이 한 마리밖에 없으면 죽어 버린다.

생물의
집합 같네.

는 추세입니다. 인공 생명은 생물 전반을 대상으로 합니다만 집중
적으로 연구하는 분야는 유동성이 큰 원초적 생물의 시뮬레이션
입니다. 에이전트 시뮬레이션은 고등 생물의 시뮬레이션을 의미합
니다.

인공 생명과 밀접한 분야로 라이프 게임이라는 것이 있습니다. 그리드 모양의 단순한 공간으로 가상 환경을 만들고 격자를 조합해서 신체를 만들어 냅니다. 격자상에서만 움직일 수 있는 아주 간단한 시뮬레이션임에도 불구하고 예상치 못한 많은 현상들이 발생합니다.

디지털 게임에서는 현실과 닮은 3차원 공간 안에서 신체를 가진 캐릭터가 움직입니다. 이 캐릭터를 인공 생명이 발전한 모습이라고 볼 수도 있지만 아직은 겉모습만 정밀할 뿐 본래 인공 생명이 가지는 신체의 변화나 번식 등은 없습니다. 이와 같이 인공 생명을 더 진보시키기 위해서는 인공 생명의 흐름 속에 게임이라는 분야를 접목할 필요가 있습니다.

인간을 넘어선 인공지능

16 IBM 왓슨

IBM 왓슨(IBM Watson, 이하 왓슨)은 IBM이 개발한 것으로 자연 언어에 특화된 인공지능입니다. 왓슨은 위키피디아(Wikipedia) 등의 자연 언어 데이터(**코퍼스**(corpus)라고 한다) 집합에서 단어와 단어의 상관관계를 학습합니다. 여기서 말하는 상관관계란 두 개의 단어가 동일한 문장 안에서 어느 정도의 빈도로 등장하는지를 확률적으로 표현한 것입니다. 이것을 데이터베이스에 저장해 두었다가 어떤 단어가 입력되면 그 단어와 강한 상관관계를 가진 단어를 평가치(관련성이 높을수록 높은 값)와 함께 목록화합니다. 예를 들어 '사과'를 입력했을 때 '사과'와 상관관계를 지닌 '빨갛다'나 '동그랗다', '맛있다' 같은 단어를 관련이 높은 순으로 평가치를 부여해서 순서대로 출력하는 것입니다.

미국의 인기 퀴즈 프로그램 '제퍼디(Jeopardy)'에서 이 능력을 십분 발휘하였는데, 어떤 단어의 정의를 설명하면 해당 정의를 가진 단어를 추론하는 왓슨에게 퀴즈 프로그램은 최적화된 형식이라고 볼 수 있습니다. 왓슨은 이 방송에서 유명한 두 명의 챔피언에게 승리하면서 명성을 얻었습니다. 참고로 당시 방송 녹화는 왓슨을 안정적으로 실행하기 위해 IBM에서 진행하였습니다.

왓슨은 압도적인 자연 언어 검색 능력을 공통 백엔드(서버)로 두고 개별 서비스마다 프런트엔드(클라이언트)를 구성하여 이 백엔드를 기반으로 기능하도록 만들어져 있습니다. 예를 들어 음성 인식이나 잡음 처리, 정보 추상화 등은 프런트엔드에서 흡수하고 이것을 쿼리로 백엔드에게 던져서 응답을 기다립니다. 이런 프로세스를 거쳐 얻은 답을 각 서비스에서 출력하는 것입니다. 이런 유연함이 범용성이 높은 서비스를 가능하게 합니다.

IBM은 왓슨을 핵심 사업의 하나로 정하고 왓슨 활용 사례를 공유하기 위해 IBM왓슨대회(Watson Summit) 등도 개최하고 있습니다. 유명한 사례로는 일본 소프트뱅크가 개발한 로봇 페퍼(Pepper)의 지원 기능과 일본 미즈호 은행의 고객 전화 응대 지원 서비스 등이 있습니다.

엔터테인먼트 분야에서도 활약한 예가 있습니다. '코그니토이(CogniToy, 엘레멘탈 패스(Elemental Path)사 개발)'에선 공룡 장난감에 질문을 하면 음성 인식을 사용해서 질문을 해석하고 인터넷을 통해 왓슨으로 쿼리를 전달합니다. 그러면 왓슨이 답을 공룡에게 보내서 음성으로 답을 말합니다.

이와 같이 IBM은 왓슨을 기반 기술로 정하고 다양한 연계 서비스를 전개하고 있습니다.

17 알파고

런던에 본사를 두고 있는 딥마인드(DeepMind)는 2010년에 데미스 하사비스(Demis Hassabis) 등 세 명이 창업한 회사로, **딥러닝**을 핵심 기술로 채택하여 주로 인공지능 기술을 개발하고 있습니다. 구글이 2014년에 인수했으며 현재는 구글 딥마인드(Google DeepMind)라는 이름으로 운영되고 있습니다. 알파고(AlphaGo)는 딥마인드가 2015년에 개발한 바둑 AI로 유럽 아마추어 챔피언에 오른 후 2016

년에 한국의 최강 프로 기사를 상대로 승리함으로써 바둑 AI의 수준을 비약적으로 발전시켰습니다.

바둑 AI는 긴 역사를 가지고 있습니다. 장기나 체스에 비해 둘 수 있는 수가 압도적으로 많으며(10의 330제곱 정도), **완전 정보 게임**(p.133) 중에서도 가장 어려운 것으로 알려져 있습니다. 이 때문에 수준을 향상시키기 위해서는 긴 시간을 필요로 합니다.

바둑은 말에 개성이 없어서(흑 아니면 백밖에 없음) 평가 함수가 근거로 삼을 수 있는 정보가 위치밖에 없습니다. 경우의 수 또한 많아 게임의 형세를 평가하는 것이 매우 어려운 데다 한 수로 형세가 크게 변화하기도 합니다. 형세를 평가하는 평가 함수를 만드는 것이 바둑 AI의 핵심이라 할 수 있습니다.

지금까지는 바둑을 잘 아는 개발자가 다양한 수를 평가하는 프로그램을 만들어 왔습니다.

2006년에 **몬테카를로 트리 탐색**(Monte Carlo Tree Search, p.139)이라고 하는 시뮬레이션 기반의 획기적인 기법을 도입했습니다. 이것은 특정 수에 대응하는 모든 수를 랜덤으로 만들어 반복 적용하고 그렇게 얻은 승률을 평가치로 사용하는 기법입니다. 바둑 AI에선 '몬테카를로 트리 탐색 발견 후의 반년이 10년 치의 진척을 만들어 냈다'라고 평가하고 있습니다.

사실 몬테카를로 트리 자체는 이미 1990년대에도 도입한 적이 있

■ 알파고

난처하네.

실제로는 의자에 앉아
테이블 위에서 시합했어.

AlphaGo

아홉 곳만으로도
$2^9 = 512$의
경우의 수가 있어.

다음 수

물론
수의 평가에 따라
이길 수 있는 확률이
달라져.

어디에 둘지
주사위로 정하자.

과거 기보를 통해 공부했어.
↑
딥러닝

그렇구나.
맞아 맞아.

수천만 번을 학습(대전)
하는 것은 사람은 할 수
없지(자기 자신이랑 싸우는
것도 무리).

자기 자신과 대전
↓
강화 학습

습니다. 그때는 승률이 아닌 몇 수 차이인지를 나타내는 보다 정밀한 정보를 평가치로 사용했지만 결국 AI 발전에 한계가 있었습니다. 하지만 이것을 승률로 바꾸는 순간 극적인 변화가 일어났습니다.

몬테카를로 트리 탐색과 딥러닝을 조합한 인공지능 알파고는 두 가지 단계의 학습을 진행한 것으로 알려져 있습니다. 1단계에서 방대한 기보 데이터베이스를 학습하고, 2단계에서는 자기 대전(자신과 자신이 대전)을 활용한 **강화 학습**(p.60)을 하는 것입니다. 1단계에선 프로 기사와 동일한 방식으로 두도록 **정책**(policy) **함수**가 되는 몬테카를로 트리 탐색을 조율합니다. 2단계에선 이 정책 함수를 활용해서 승률이 높은 수를 선택할 수 있도록 **뉴럴 네트워크**(p.90)를 학습합니다. 이것은 전반적인 수를 평가할 수 있는 직관적 사고를 뉴럴 네트워크를 통해 실현하는 것입니다.

⑱ 전문가 시스템

전문가 시스템은 3대 AI군 중 하나입니다. 사람의 '사고 방법'을 모델로 한 AI라고 볼 수 있습니다. '만약 XXX이면 △△△하시오. 그렇지 않으면 OOO하시오.' 같은 규칙들을 지식으로 구성하고 있는 인공지능입니다. 예측할 수 있는 문제에 대해 다양한 대응책을 미리 만들어 두는 것으로 전문 분야의 지식을 많이 사용해서 전문가(expert) 시스템이라고도 부릅니다. 예를 들어,

- **질문**: 주요 증상을 다음 보기에서 골라 주세요.
- **대답**: 1 열이 있다. 2 콧물이 흐른다. 3 기침이 나온다.

사전에 각 대답에 대한 다음과 같은 판단이 설정되어 있습니다.

- **규칙 1**: 만약 열이 있다면 식중독이라고 판단한다.
- **규칙 2**: 만약 콧물이 흐른다면 감기라고 판단한다.
- **규칙 3**: 만약 기침이 있다면 결핵이라고 판단한다.

여러분이 '대답 2: 콧물이 흐른다'를 선택한다면 규칙 2에 해당하므로 '단순한 감기입니다'라는 진단을 내립니다.

전문가 시스템은 실제로 다양한 현장에서 사용하고 있으며 특히 병명 진단 등에 활용도가 높습니다.

다른 AI와 달리 전문가 시스템에는 스스로 학습할 수 있는 능력이 없습니다. 발생할 수 있는 모든 상황과 그에 대한 대처, 판단, 예측을 전문가들이 미리 설정해 둡니다. 전문가 시스템은 사용자의 요구가 어떤 상황에 해당하는지를 판단해서 사전에 정의되어 있는 판단이나 예측을 하는 것이 전부입니다.

규칙이 많으면 많을수록 판단은 정확해지지만, 반대로 하나라도 놓치면 판단에 오류가 발생할 가능성이 있습니다. 또한 규칙이 너무 많으면 규칙 간 일관성이 떨어질 수 있으며, 규칙을 설정할 수 있는 전문가도 필요합니다. 혹 규칙을 제대로 설정했다고 해도 규칙을 설정한 전문가 이상의 지식을 가질 수는 없습니다.[6]

if	열이 있다	then	감기일 수도 있다	신뢰도	30%
if	콧물이 흐른다	then	감기일 수도 있다	신뢰도	50%
if	기침이 나온다	then	감기일 수도 있다	신뢰도	80%

6 역주 전문가 시스템의 또 다른 문제는 전문가마다 지식(의견)이 다르다는 점입니다. 예를 들어 병원을 간 경우 A의사와 B의사의 진단이 전혀 다를 수도 있습니다. 이 경우 A라는 전문가의 의견을 더 신뢰한다면 A, B의 의견 중 A의견만 데이터베이스화하면 되는지, 아니면 A와 B를 모두 데이터베이스하고 어느 한쪽에 더 신뢰도를 부여해야 하는지 등등의 문제가 발생할 수 있습니다. 왜냐하면 전문가는 인간이며 인간의 판단은 매우 주관적이기 때문입니다. 어디까지나 다른 분야(AI가 아닌)의 전문가 시스템을 다뤄 본 역자 개인적인 의견임을 밝혀 둡니다.

⑲ 검색 엔진

정보의 바다에서 원하는 정보를 찾아내는 것을 **검색**이라고 합니다. 검색은 인공지능의 기본 기능 중 하나입니다. 예를 들어 인간의 지능은 '사과'라는 소리를 들으면 기억 속에서 사과와 관련된 기억들을 순간적으로 끄집어냅니다. 정보 검색이 지능의 가장 기본적인 기능인 셈입니다. 인공지능에게 정보 집합은 **지식 표현**(p.167)에 근거한 데이터 표현으로 해당 데이터상에서 검색합니다.

검색 기술을 응용한 가장 대표적인 예는 인터넷상의 검색 엔진입니다. 검색 엔진은 인터넷상에서 수집한 데이터를 고속으로 검색할 수 있도록 데이터 형식으로 만들어 데이터베이스를 구축하고, 이 데이터베이스를 대상으로 검색 알고리즘을 실행해서 사용자가 필요로 하는 정보를 제공합니다. 검색 엔진은 인공지능 기술의 응용 방식 중 하나입니다.

검색 엔진은 다음 세 가지 부분으로 구성됩니다.

- 크롤링(crawling)으로 인터넷상의 정보를 수집하는 부분
- 수집한 것을 데이터베이스화하는 부분
- 데이터베이스로부터 검색하는 부분

수집한 지식을 어떤 형식으로 축적하느냐에 따라 검색 엔진의 질이 달라집니다. 인터넷상의 정보를 단어의 집합으로 간주하는 원시적인 인터넷으로부터 좀 더 의미 있는 정보를 추출해서 해석하

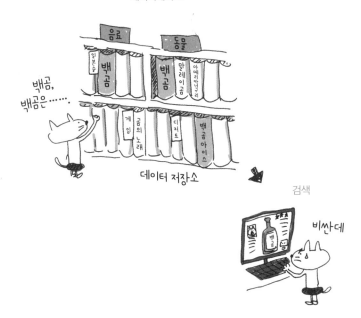

고 검색하는 기법을 **시맨틱**(semantic) **검색**이라고 합니다. 예를 들어 '백곰'이라고 하면 흰색의 곰일 수도 있고, 술이나 지명 이름일 수도 있습니다. 이와 같이 문맥에 따라 달라지는 의미를 고려해서 검색하게 되면 보다 정확도가 높은 정보를 추출할 수가 있습니다.[7]

인터넷은 20년의 시간을 거치면서 방대한 데이터베이스를 구축해 왔으며 검색 엔진의 도움 없이 인터넷 세상을 돌아다니는 것은 불가능합니다. 즉, 우리들은 검색 엔진이라는 인공지능의 배를 타고 인터넷상을 떠돌고 있는 것입니다. 더 강력한 인공지능 없이는 여행하기가 갈수록 어려워지는 것이 현실입니다.

모터보트 정도에서 출발했던 검색 엔진은 어느새 고속 여객선처럼 높은 성능을 갖춰 가고 있습니다. 인터넷은 점점 더 방대해지고 있으며, 그에 따라 시맨틱 검색처럼 정확도가 뛰어난 검색 엔진을 요구하고 있습니다. 검색 엔진이라는 인공지능은 인터넷 세계와 인간 세계를 연결하는 역할을 하고 있는 것입니다.

---

[7] 역주 일본에는 시로쿠마(백곰)라는 술과 지역 이름이 있습니다.

인간의 뇌를 닮은
인공지능

㉒ 딥Q네트워크

딥Q네트워크(Deep-Q-Network)는 **딥러닝**(p.52)과 **강화 학습**(p.60)의 하나인 Q러닝을 조합한 기법으로 줄여서 DQN이라고도 합니다. 딥마인드(DeepMind)가 개발했으며 2015년 2월 '네이처(Nature)'지에 소개되었습니다.

딥마인드는 DQN 딥러닝 기술을 통해 큰 존재감을 과시했습니다. 이 회사는 DQN을 이용해서, 1980년대 아타리가 개발한 다섯 가지 게임을 사람과 동등(또는 그 이상)한 수준으로 플레이할 수 있는 인공지능을 선보이고, 그 이후에 바둑 AI인 알파고를 개발했습니다. 또한 스타크래프트(1998년 블리저드 엔터테인먼트 개발 게임) 같은 실시간 전략 게임을 할 수 있는 인공지능을 만들고자 노력하고 있습니다.

DQN을 이용한 게임 AI에선 게임 화면을 뉴럴 네트워크의 입력 데이터로 사용하고 게임 컨트롤러의 조작을 출력 데이터로 사용합니다. 학습의 보상은 게임 점수이며, 컨트롤러 조작을 학습하여 점수를 향상시키는 것입니다. 이때 중요한 것은 DQN 시스템에 게임 규칙이 부여되지 않는다는 점입니다. 입력과 출력의 반복을 통해 어떤 식으로 플레이하면 점수가 향상되는지를 스스로 학습해 나가는 것입니다. 즉, 강화 학습을 사용한다는 말입니다.

또 다른 중요한 포인트는 아타리의 다섯 가지 게임 모두를 단일 DQN 시스템으로 학습한다는 점입니다. 각각의 게임에 개별적인

Atari 2600 게임을 공략하여 유명해졌다.[8]

딥러닝 강화 학습

딥Q네트워크는 딥러닝과 강화 학습(Q러닝)을 합체한 모델이야.

애당초 게임이 뭔지도 잘 몰라.

DQN

화면으로 보고 스스로 규칙을 찾아.

⬇

어떻게 하면 점수가 향상되는지 알아내.

아, 그렇구나.

점수가 올라가면 해당 조작을 학습한다.

점수가 내려가면 해당 조작을 중단한다.

이런 학습 방법을 강화 학습이라고 해.

사람보다 잘하게 되었다.

⬇

더 이상 사람에게는 지지 않아.

우와! 대단해.

---

[8] 역주   아타리가 1977년에 개발한 가정용 게임기

딥Q네트워크 예 2

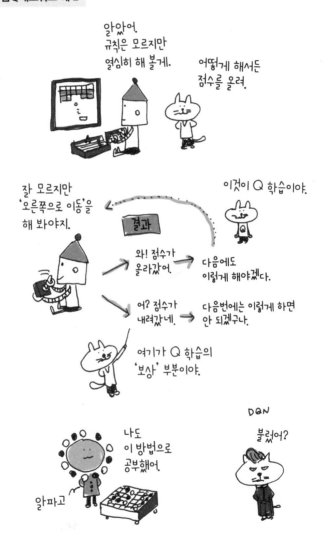

인공지능이 만들어진다면 범용적인 인공지능(다양한 게임에 적용할 수 있는)이라 보기 힘들기 때문입니다. 단일 시스템을 다양한 게임에 적용할 수 있어야 DQN은 범용 인공지능으로서의 가능성을 제시할 수 있습니다.

21 네오코그니트론

'생리학에서 힌트를 얻을 수는 있지만 개발 시에는 실제 뇌에 대한 것은 잊고서 연구를 진행하는 것이 중요하다.'

이것은 **네오코그니트론**의 창시자인 쿠니히코 후쿠시마가 한 말입니다. 그는 NHK기술연구소에서 1970~80년대에 **뉴럴 네트워크** 개발을 진두지휘하고, 퍼셉트론형 뉴럴 네트워크를 한 단계 더 진화시킨 네오코그니트론을 발명했습니다. 당시 컴퓨터는 지금보다 훨씬 느렸기 때문에 고해상도 사진을 뉴런에 입력하는 것이 아니라 격자상에 적힌 신호를 인식하게 하는 테스트를 반복하고 있었습니다. 그런데 **퍼셉트론**(p.93)의 효과가 다층 구조에 취약하고 대상 위치가 달라지면 퍼셉트론의 반응이 무뎌진다는 문제가 발생했습니다.

1981년 노벨 의학/생리학 상을 수상한 토르스텐 비셀(Torsten Wiesel)과 데이비드 허블(David Hubel)이 발표한 '허블-비셀 가설'에 착안하여 이 문제 해결의 실마리를 찾았습니다. 이 가설은 뇌의 1차 시각 피질에선 단순형 세포(S세포)와 복잡형 세포(C세포)가 계층 구조를 지닌다는 것을 기반으로 합니다. 단순형 세포는 대상에 대한 위치 의존성이 있지만 복잡형 세포는 단순형 세포의 자극을 모아서 위치에 상관없이 패턴을 인식하는 성질을 가지고 있습니다.

여기에서 힌트는 얻은 네오코그니트론은 S층과 C층이라는 두 가지 서로 다른 성질을 가진 계층이 복수의 층에서 교차하여 결합한다는 것입니다. S층과 C층은 생리학 개념을 응용한 것이지만 S층과 C층을 하나의 쌍으로 보고 조합한 것은 엔지니어적인 발상이라고 할 수 있습니다.

먼저 S층은 복수의 세포 면으로 구성됩니다. 이 세포 면은 동일 패턴에 반응하는 세포로 구성되어 있습니다. S층은 입력 화면에서 특정 패턴을 찾으려고 하며, 이때 제한된 영역(2×2, 4×4, 8×8)의 틀을 사용해서 전체 이미지를 조금씩 스캔합니다. 그리고 해당하는 패턴이 있으면 신호를 발생시킵니다.

다음은 C층으로 하나의 세포는 S층에 있는 하나의 세포 면과 연결되며, 입력이 하나라도 신호를 발생시키면 자신도 함께 신호를 보냅니다. 따라서 입력 화면의 위치 차이는 이 C층에서 흡수하게 됩니다. 또한 S층과 C층이 반복되지만 S층은 층이 깊어지면 깊어질수록 스케일이 커집니다. 예를 들어 첫 S층이 2×2라면 다음 S층은 4×4 또는 8×8이 됩니다. 딥러닝의 이미지 해석이 여러 스케일로 분해되어 있는 것은 여기에 기인합니다.

이와 같이 뇌의 시각 피질에서 힌트를 얻어 엔지니어링과 결합한 네

입력층   중간층   출력층

딥러닝의
기반이 되는 모델

다층

전체 구조
입력 그림

중간층은
부분만 학습한다.

마지막으로
재구조화해서
학습한다.

아마 6…….

손 글씨 인식이 특기

brain

동물의 시각 피질 연구로부터
태어난 모델이야.

오코그니트론은 뉴럴 네트워크 및 딥러닝의 큰 초석이 되고 있습니다. 또한 생리학과 엔지니어링을 오가며 생물을 모방해 공학을 발전시킨다는 발상도 다양한 인공지능 개발에 적용되고 있습니다.

22 미러 뉴런

미러 뉴런은 그야말로 우연히 발견한 것입니다. 이탈리아의 파르마대학 자코모 리졸라티(Giacomo Rizzolatti) 팀이 원숭이의 뇌에 전극을 꽂아 행동 변화에 따른 뇌의 상태를 관찰하고 있었습니다. 예를 들면 먹이를 손으로 집을 때 뇌의 어느 부분에서 전극 변화가 일어나는지를 살펴보는 것입니다. 그러던 중 우연히 사람이 먹이를 줍는 모습을 보고 원숭이 뇌의 해당 전극이 반응했습니다. 즉, 원숭이가 스스로 먹이를 주울 때와 타인이 먹이를 주울 때 동일 뇌 부위가 활성화된 것입니다. 이것이 타인의 행동을 보는 것만으로도 전극 변화를 일으키는 신경세포, 즉 미러 뉴런의 발견입니다(1996년).

현재는 팔을 움직이거나 물건을 집는 등의 간단한 행동에 대한 미러 뉴런이 인식되고 있습니다. 사람의 경우에는, 예를 들어 기타 연주를 배울 때에 강사가 연주할 때와 자신이 연주할 때에 동일 미러 뉴런이 활성화된다는 것이 자코모의 주장입니다. 사람은 자신이 실제로 따라 하는 '모방 학습'에 능하며 원숭이는 '관찰 학습'에 능합니다.

미러 뉴런은 동물의 공감 능력을 키운다고 알려져 있지만 그에 대한 증거는 아직 찾지 못했습니다.

23 뉴럴 네트워크

뉴럴 네트워크(이하 NN=Neural Network)는 사람이나 동물의 뉴런(신경) 구조와 움직임을 모델화한 AI입니다. **유전 알고리즘**(p.63), **전문가 시스템**(p.75)과 함께 3대 AI 군 중 하나라고 일컬어집니다.

뉴런은 다른 뉴런으로부터 받은 전기 신호의 양이 일정 이상이 되면 흥분합니다. 반대로 그 이하면 흥분하지 않습니다. 흥분한 뉴런은 다음에 연결된 뉴런에게 전기 신호를 보냅니다. 신호를 받은 뉴런도 같은 방식으로 흥분하거나 하지 않거나 합니다. 쉽게 말하면 연결된 뉴런들이 릴레이 달리기를 하듯 연동해서 움직이며 NN은 이 구조를 수치 모델로 만든 것입니다.

NN은 먼저 사람이 선생님이 됩니다. 예문과 모범 답안(이것을 **지도 신호**라고 합니다)을 준비해서 NN을 가르칩니다. 그러면 가르친 것뿐만 아니라 가르치지 않은 것도 스스로 판단하거나 추론할 수 있게 됩니다. NN은 이런 특징을 가진 AI입니다.

뇌의 구조를 매우 단순하게 만든 모델이지만 로봇의 행동 판단에 사용되는 등 이미 많은 현장에서 활용하고 있습니다. 예를 들면 다음과 같은 것이 있습니다.

- 기온, 기압 등의 기상 데이터로부터 날씨를 예측한다.
- 그날의 주가, 과거의 주가 동향, 시장 전체의 동향을 바탕으로 특정 주식이 오를지 아니면 내릴지를 예측한다.

- 지폐의 색이나 상태 등으로부터 위조 지폐 여부를 판단한다.
- 잠수함의 소나 음파(물체에 부딪혀서 반사되어 돌아온 음파)의 파형으로부터 물체가 단순한 바위인지 적 잠수함인지를 판단한다.

여기서 다음과 같은 문제를 생각해 봅시다. 먼저 평면을 두 개로 분할하도록 곡선을 그립니다. 분할된 영역의 한쪽을 A, 다른 한쪽을 B라고 합니다. 그리고 둘 중 한 곳에 점을 하나 그립니다. NN에게 그 좌표가 A에 있는지 B에 있는지를 판단하도록 학습시켜 봅시다. 입력은 (X, Y)라는 두 개의 숫자입니다. 출력은 1(점이 A에 있다), 아니면 0(점이 B에 있다)으로 설정합니다. 처음에는 좌표를 입력해도 대략적인 값(0.67 등)만 나옵니다. '이때는 1을 출력해야 해' 하고 가르치는 것이 지도 신호입니다. 답에 가까워지도록 NN의 뉴런 결합 등을 변형시킵니다. 이것이 학습입니다. 이런 학습을 점 1개, 2개, 100개, 1000개로 점점 늘려 가면 NN은 점의 위치를 확실히 구별할 수 있게 됩니다. 이 NN은 곡선이 어떤 모양인지 수식으로 해석하고 있지 않지만 그려진 곡선의 형태를 대략적으로 인식하게 되는 것입니다.

사람은 다양한 문제에 대해 학습하고 판단할 수 있지만 NN은 현시점에선 특정 문제에 특화된 학습만 가능합니다. 이것을 **약한 AI**(p.199)라고 합니다. 또한 NN을 이용해서 인공지능을 만드는 방식을 **커넥셔니즘**(p.192)이라고 합니다. 이것은 기호(심벌)를 사용해서 인공지능을 만들고자 하는 접근법, 즉 **심벌리즘**(p.192)과 대치되는 방식입니다.

뉴럴 네트워크

이렇게 네트워크를 만들고 있다.

뇌세포 하나는
이런 구조

신호의 흐름

뉴런

복잡해.

다른 세포가 신호를 보냄

흥분하면
신호를 흘려서
다음 세포에게 전달

신호의 총량   >=   임계값   →   흥분한다.
신호의 총량   <   임계값   →   흥분하지 않는다.

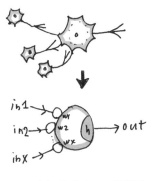

in1
in2
inX

w1
w2
wX

h

→ out

뇌세포를 수치로 모델화했다.

in

out

중간층

여기는
몇 단계라도 상관없음

24 퍼셉트론

매컬로크(McCulloch)와 피츠(Pitts)라는(마카로니와 피자 같은 이름을 가진) 과학자가 하나의 뉴런이 다른 뉴런으로부터 신호를 받아 그 양에 따라 흥분하는 구조를 수학적인 모델로 구축했습니다. 1958년 과학자인 로젠블랫(Rosenblatt)은 이 모델과 **헵(hebb)의 규칙**을 조합한 **퍼셉트론**을 만들었습니다.

퍼셉트론의 기본적인 원리는 인간의 뇌와 동일하지만, 뉴런의 수가 매우 적고 전기 신호 대신에 0이나 1 등의 숫자를 교환한다는 차이가 있습니다. 퍼셉트론은 뇌 구조를 모방한 AI로 **뉴럴 네트워크**(p.90) 모델이라고 불립니다. 최근에 관심을 모으고 있는 **딥러닝**(p.52)의 원조라고 할 수 있는 모델입니다.

뇌는 수많은 뉴런들이 복잡하게 연결되어 있습니다. 동일 조건에 흥분하는 경우가 많은 뉴런의 결합은 강화되고 그렇지 않은 뉴런의 결합은 약화된다고 알려져 있습니다(이것이 헵의 규칙). 이 규칙을 이용해서 뉴런의 결합을 수치 모델로 만든 것이 퍼셉트론입니다.

퍼셉트론의 구조는 아주 단순합니다. 각 노드(뇌로 말하자면 뉴런)는 연결되어 있는 시작 노드에서 전달된 신호(수치)를 합하고 이것이 일정 값 이상이 되면 '흥분'해서 연결되어 있는 다음 노드로 신호를 보냅니다. 일정 값 미만이면 신호를 보내지 않습니다. 이것이 전부지만 규칙이 단순한 만큼 쉽게 학습할 수 있습니다.

퍼셉트론

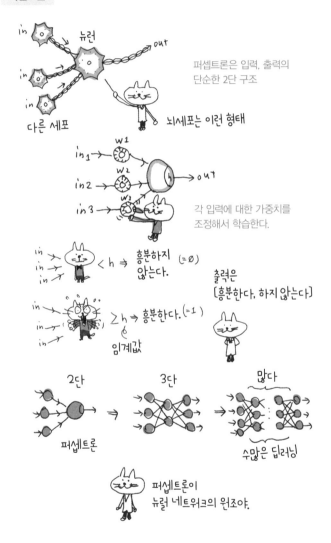

뉴런

in

out

다른 세포

퍼셉트론은 입력, 출력의
단순한 2단 구조

뇌세포는 이런 형태

in_1 → w_1
in_2 → w_2 → out
in_3 → w_3

각 입력에 대한 가중치를
조정해서 학습한다.

in
in < h ⇒ 흥분하지 (=0)
in   않는다.

출력은
[흥분한다, 하지 않는다]

in
in ≥ h ⇒ 흥분한다.(=1)
in
임계값

2단   3단   많다

퍼셉트론   수많은 딥러닝

퍼셉트론이
뉴럴 네트워크의 원조야.

민스키가 '모순된 것(배타적인 논리합이나 비선형 문제라고 불립니다)'을 학습하지 못한다는 결점을 지적하면서 실용화되지는 못했지만 뉴럴 네트워크 모델의 진화는 이 모델을 기반으로 하고 있습니다.

25 헵의 규칙

1949년 심리학자 헵은 '시냅시스 앞과 뒤에서 동시에 신경세포가 흥분할 때 해당 시냅시스의 효율(결합)이 강화된다'라는 논문을 발표했습니다. 이것을 일반적으로 **헵의 규칙** 또는 **헵의 학습 규칙**이라고 합니다.

뉴런은 각각의 역할이 상세히 나뉘어 있습니다. 예를 들면 빨간색에 흥분하는 세포, 동그란 형태에만 흥분하는 세포, 신맛에만 흥분하는 세포 등이 있습니다.

매실장아찌를 입에 넣었다고 가정해 봅시다. 빨간색에 흥분하는 세포, 동그란 모양에 흥분하는 세포, 신맛에 흥분하는 세포, '매실 장아찌'라는 단어와 관련된 세포들이 동시에 흥분하게 됩니다. 반면 파란색에 흥분하는 세포, 사각형에 흥분하는 세포, 단맛에 흥분하는 세포 등은 반응하지 않습니다. 이때 동시에 흥분한 세포들의 연결은 두꺼워지지만 흥분한 세포와 흥분하지 않은 세포의 연결은 얇아집니다. 이것이 헵의 규칙입니다.

매실장아찌를 먹지 않고 '매실장아찌'라는 단어를 들은 것만으로
입안에서 신맛을 느끼는 것은 이 때문입니다.

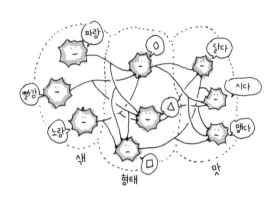

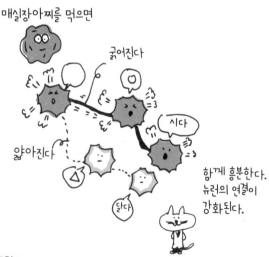

헵의 규칙

㉖ 시그모이드 함수

뉴런의 수치 모델은 뇌 신경을 모방한 것으로 여러 입력 신호 중 하나를 출력 신호로 보내는 모델입니다. **시그모이드 함수**(sigmoid function)는 뉴런의 수치 모델에서 발화 조건을 결정하는 함수입니다. 가로축을 전위, 세로축을 발신 전류라고 하면 뉴런은 입력 신호가 있어도 발신하지 않습니다. 하지만 신호가 입력된 뉴런 내의 전위가 점점 오르면 특정 값에서 갑자기 발신이 커집니다. 이것이 뉴런의 특징으로 뉴럴 네트워크에 학습 기능을 부여하는 수리적 특성이기도 합니다. 호지킨-헉슬리(Hodgkin-Huxley) 방정식의 답으로 요구되는 함수이기도 합니다.

■ 시그모이드 함수

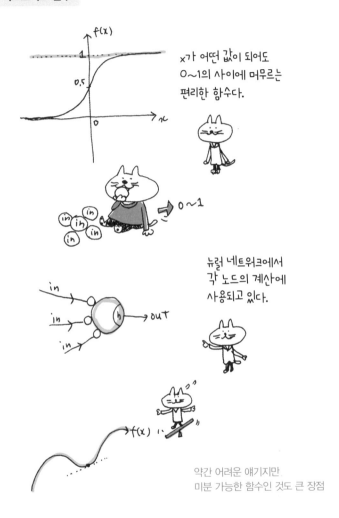

x가 어떤 값이 되어도
0~1의 사이에 머무르는
편리한 함수다.

뉴럴 네트워크에서
각 노드의 계산에
사용되고 있다.

약간 어려운 얘기지만
미분 가능한 함수인 것도 큰 장점

빅데이터와
인공지능의 예측

27 데이터 마이닝

어느 정도 축적된 데이터를 읽어 데이터 분석 기술을 이용해 숨겨진 특성을 밝혀 내는 것을 **데이터 마이닝**(data mining)이라고 합니다. 데이터 마이닝은 인공지능의 전통적인 분야 중 하나지만 특히 인터넷의 대중화와 함께 주목받기 시작했습니다. 많은 사람들이 인터넷상에 정보를 기록하고 사진이나 동영상, 음악까지 업로드하게 되면서 방대한 정보가 쌓여 가고 있습니다. 이와 함께 의미 있는 정보를 추출할 수 있는 기술을 필요로 합니다. 또한 인터넷상에서 제공하는 다양한 서비스 덕분에 기업 내에도 방대한 정보가 축적되고 있어 분석 기술에 대한 중요도가 점점 높아지고 있습니다.

예를 들어 소셜 게임의 경우 처음에는 수많은 사용자가 등록합니다. 그중에서 참여도가 높은 사용자는 아이템 등을 구입하면서 점점 게임에 빠져들게 됩니다. 반면 어느 시점부터는 로그인하지 않는 사용자도 나타납니다. 따라서 어떤 사용자가 탈퇴하는지 분석하고 싶다는 요구가 발생하게 마련입니다. 로그인하지 않는 사용자의 행동 패턴을 데이터로부터 추출할 수 있다면 떠나는 사용자를 붙잡아 둘 수 있는 대책을 세울 수 있기 때문입니다. 또는 매주 진행되는 이벤트의 효과가 어느 정도인지, 어떤 아이템을 어떤 사용자가 구입하는지 등 다양한 상관관계를 알고 싶다는 요구도 있습니다. 이때 필요한 것이 데이터를 분석하기 위한 통계적 기술입니다.

데이터 마이닝

인터넷의 보급으로
방대한 데이터를
손에 넣을 수 있게 됐어.

internet

무덤이다.

분석 중

방대한 데이터로부터
규칙이나 패턴을 발견하는 것이
데이터 마이닝이야.

나한테 맡겨.

데이터 마이닝은
AI의 특기 분야야.

상품 A를 구입하는 사람은
상품 B도 구입하는
경향이 있네.

성분 A에는
XX라는 효과가 있네.

추출 및 분류 완료

원래 마이닝이란
광산에서 보석을
캐낸다는 의미야.

데이터 마이닝의 필요성은 현실 세계에도 존재합니다. 예를 들어 전국에 체인점을 가지고 있는 양복점이라면 어떤 옷이 어떤 시간 대에 어떤 고객에게 판매되었는지를 분석해서 다음 시즌 전략을 세우는 것입니다.

모든 것이 온라인상에서 컴퓨터로 처리되는 지금은 데이터 축적이 매우 쉽게 이루어집니다. 이런 데이터로부터 직관적이고 알기 쉬운 정보를 끄집어내기 위해서는 데이터 마이닝 기술이 필요합니다. 데이터 마이닝을 전문적으로 하는 기업도 있으며, 분석 툴을 무료 또는 유료로 제공하는 기업도 있습니다.

대량의 데이터는 인공지능을 키우기 위한 양식이 되기도 합니다. 데이터를 해석해서 학습하는 인공지능을 구축하므로 연관된 서비스를 신속하게 제공할 수 있게 됩니다. 현재는 사람을 거치고 있지만, 인공지능이 실시간으로 데이터를 분석해서 학습할 수 있게 된다면 사람보다 신속하게 필요한 서비스를 제공할 수 있을 것입니다.

예를 들어 오늘부터 일주일 전까지의 품목별 매출을 분석해서 내일 진열할 품목을 결정하는 것입니다. 또한 현재의 주식 판매 AI 는 단기적인 추이밖에 보지 못하는 경우가 많지만, 미래에는 다양한 데이터를 분석해 좋은 종목을 선택하고 장기적으로 운영하게 될 가능성도 존재합니다.

빅데이터라는 정보의 바다는 2000년 이후 인터넷 발전과 함께 등장한 것으로, 인공지능은 이것을 모체로 해서 학습, 진화할 수 있

습니다. 그 이전의 인공지능에게는 없었던 새로운 가능성을 보여
주고 있는 것입니다.

28 협업 필터링

협업 필터링(collaborative filtering)은 데이터 마이닝 기술의 하나로 특
히 사용자 데이터 분석 기법으로 주목받고 있습니다. 인터넷 쇼핑
사이트 등에 있는 '추천 시스템'은 이 기법을 사용한 것입니다. 사용
자가 선호하는 상품을 추측할 때 이 협업 필터링을 사용합니다.

사용자의 선호도는 해당 사용자의 현재까지 행동 이력을 통해 어
느 정도 추측할 수 있습니다. 건축을 좋아하는지, 애니메이션을
선호하는지, 그리고 특정 저자를 선호하는지 등은 사용자의 데이
터를 분석하면 알아낼 수 있습니다. 만약 해당 사용자에 대한 데
이터가 없더라도 전체 사용자 데이터로부터 비슷한 사용자를 찾아
서 그 사용자의 구매 이력을 통해 추측할 수도 있습니다.

예를 들어 사용자 A와 B의 구매 이력이 비슷하다고 가정해 봅시
다. 이 경우 양쪽 이력을 비교해서 B는 구매했지만 A는 구매하지
않은 상품이 있다면 해당 상품을 A에게 추천하는 것입니다. 즉,
구매 이력이 비슷하다는 것은 취향도 비슷하다는 근거를 적용하여
A가 아직 사지 않은 상품이지만 A의 구매 의사를 끌어낼 확률이
높다고 보는 것입니다. 참고로 이런 매칭은 상품 구매 이력이 적은

경우는 부정확합니다. 하지만 이력이 쌓이게 되면 정확도도 함께 올라가게 됩니다.

이와 같이 사용자 데이터 안에서 비슷한 데이터를 찾아내서 예측하고 추천하는 방법을 협업 필터링이라고 합니다. 그리고 서로 비슷한 데이터를 **상관이 강한 데이터**라고 합니다. 상관을 계산하는 방법에는 여러 가지가 있습니다. 앞의 예에선 구입 이력을 통해 상관을 계산했지만, 구입한 것을 사용자가 어떻게 평가했는지 알 수 있다면 더 정밀한 예측이 가능해질 것입니다.

예를 들어 어떤 사용자가 게임 다섯 개를 사서 세 단계로 게임을 평가한다고 합시다. 그리고 이 사용자와 동일한 게임을 적어도 세 개 이상 구매한 사용자를 찾아냅니다. 공통적으로 구매한 게임의 평가를 비교하면 게임에 대한 평가가 비슷한 사람과 그렇지 않은 사람이 있을 것입니다. 또한 어떤 게임의 평가는 비슷하지만 어떤 게임은 평가가 전혀 다른 중립적인 사람이 있을 수도 있습니다. 앞서 설명한 용어로 말하자면 '상관이 강하다', '상관이 약하다', '상관이 모호하다'로 표현할 수 있습니다. 그리고 상관이 강한 사람이 좋아하는 게임은 해당 사용자도 좋아할 가능성이 높습니다. 반대로 상관이 강한 사람이 낮은 점수를 준 게임은 해당 사용자에게도 낮은 평가를 얻을 것입니다. 게다가 상관이 강한 사람의 평가가 높은 반면 상관이 낮은 사람의 평가는 낮은 게임이라면 해당 사용자가 선호할 확률이 더 많습니다. 협업 필터링은 이와 같이 이미 있는 데이터를 활용해 데이터에 없는 부분을 예측해 나갑니다.

이 방법의 핵심은 상관의 원인이 되는 것을 몰라도 예측할 수 있다는 점입니다. '이 게임이 좋아' 정도의 정보만 있으면 충분하며 '왜 좋은지'에 대한 이유는 알 필요가 없습니다. 그럼에도 예측이 가능한 것이 협업 필터링의 강점입니다.

🔵29 검색 알고리즘

검색 알고리즘이란 주어진 데이터 내에서 원하는 데이터를 찾는 기법을 말합니다. 예를 들어 주어진 열 개의 숫자 중에서 가장 큰 숫자를 찾는다든가 이름과 신장이 쌍을 이루는 데이터에서 A씨의 신장을 찾아내는 것이 이에 해당합니다.

검색은 프로그램의 기본입니다. 프로그램에 있어 데이터는 신체 같은 것으로 데이터를 움직여서 프로그램이 운동을 하는 것입니다. 또한 인공지능에 있어서도 검색은 기본입니다. 왜냐하면 우리들은 '사과'라고 말하기만 하면 기억 속에서 '사과'와 관련된 기억을 꺼낼 수 있습니다. 마찬가지로 인공지능도 주어진 단어를 통해 기억을 상기하는 능력은 기본입니다. 인공지능 자신이 가진 지식을 활용하기 위해서 검색이 필요한 것입니다.

이런 검색 알고리즘은 데이터 형식과 함께 생각해야 합니다. 예를 들어 숫자가 주어지는 경우 주어질 때마다 순서대로 나열한다면 가장 큰 수가 항상 끝에 놓이게 됩니다. 또한 많은 양의 데이터

가 주어지는 경우에는 트리 구조의 데이터로 저장하기도 합니다. 두 갈래로 나뉘는 이진 트리나 네 갈래로 나뉘는 사분 트리 구조를 만들어 데이터를 저장합니다. 이와 같이 데이터를 기하학적 구조로 구성하면 검색이 보다 쉬워집니다.

데이터 구조와 검색 알고리즘은 데이터와 프로그램의 관계를 표현하는 기본 기술입니다. 또한 이 관계는 인공지능에게 '사고와 지식 표현'이라 불리는 기본 구조가 됩니다. 인공지능에선 프로그램이 해석할 수 있는 형태로 대상을 표현한 것을 **지식 표현**(p.167)이라고 합니다. 이 지식 표현상에서 사고 알고리즘이 움직여서 지능이 구현됩니다.[9]

30 최고 우선 탐색

검색 알고리즘(p.106)의 효율은 어떤 순서로 데이터를 검색하는지가 결정합니다. 만약 이것을 신경 쓰지 않는다면 마치 어질러진 방에서 무작위로 물건을 찾듯이 랜덤으로 정보를 선택하게 됩니다. 하지만 데이터가 커지면 이런 방식은 한계가 드러나기 때문에 **너비 우선 탐색** 및 **깊이 우선 탐색** 등을 사용합니다.

트리 구조의 데이터를 생각해 봅시다.

깊이 우선 검색에서는 우선 찾을 데이터의 주변 데이터를 검색하지만 하나의 데이터를 검색할 때 그 데이터와 연관된 데이터까지

---

[9] 역주 한때 일본의 인터넷 포털 회사에서 지도 검색 알고리즘을 만들었던 경험이 있습니다. 검색 알고리즘은 데이터를 어떻게 찾는가도 중요하지만 찾는 대상을 어떻게 효율적으로 구성하는가도 매우 중요합니다. 검색을 한다고 하면 인터넷을 전부 뒤진다고 생각하는 독자도 있겠지만, 사실 인터넷에 있는 정보를 어느 정도 정제해서 별도로 관리하는 테이블(데이터베이스)이 있습니다. 그리고 이 테이블은 빠른 속도와 높은 정확도의 검색이 가능하도록 설계되어 있습니다.

깊이 있게 검색합니다. 즉, 검색된 데이터에 접해 있는 미검색 데이터 중 시작 노드에서 가장 멀리 있는 노드까지 계속 검색하는 것입니다.

한편 너비 우선 탐색이란 찾으려고 하는 데이터 주변에 있는 데이터를 모두 검색하고 한발 더 나아가 그 주변 데이터와 연결된 데이터까지 검색합니다. 즉, 찾을 데이터를 중심으로 동심원 형태로 넓혀 가며 검색하는 것입니다.

일반적으로 검색 알고리즘은 검색한 데이터와 검색하지 않은 데이터의 경계에서 어떤 데이터를 우선해야 할지 정해야 하는 문제에 봉착합니다. 이 경계에서 검색하지 않은 노드에 순서를 붙입니다. 이를 위한 평가식은 깊이 우선이라면 첫 데이터로부터 멀리(깊이) 떨어져 있는 것을 우선으로 하며, 너비 우선이라면 가까이 있는 것을 우선으로 합니다. 여기에 데이터 위치와 내용에 기반한 자체 평가식을 도입하여 검색 순서를 새롭게 지정할 수도 있습니다. 이것을 **최고 우선 탐색**(best-first search)이라고 합니다.

검색 알고리즘은 프로그램과 인공지능을 관통하는 기초인 동시에 데이터를 처리하는 기호적 알고리즘의 전형성을 보여 주기도 합니다. 프로그램이 데이터를 검색하는 것, 사람의 뇌에서 기억을 상기하는 것, 인공지능이 기억을 상기하는 것, 이 세 가지의 관계를 항상 염두에 두면, 기계, 인공지능, 인간의 지능을 비교해서 생각할 수 있는 바탕이 됩니다.

최고 우선 탐색

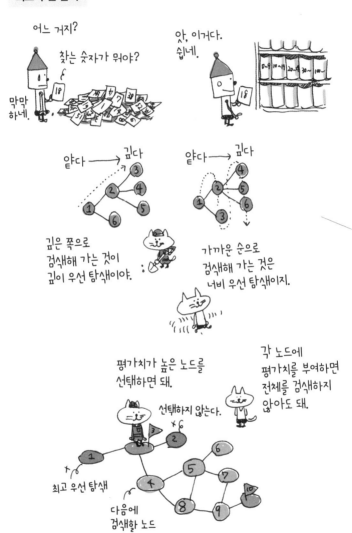

어느 거지?

찾는 숫자가 뭐야?

앗, 이거다.
쉽네.

막막
하네.

얕다 ──→ 깊다

얕다 ──→ 깊다

깊은 쪽으로
검색해 가는 것이
깊이 우선 탐색이야.

가까운 순으로
검색해 가는 것은
너비 우선 탐색이지.

평가치가 높은 노드를
선택하면 돼.

각 노드에
평가치를 부여하면
전체를 검색하지
않아도 돼.

선택하지 않는다.

최고 우선 탐색

다음에
검색할 노드

31 클라우드상의 인공지능

클라우드란 인터넷상의 거대한 저장소와 이를 바탕으로 하는 강력한 계산 리소스를 가리킵니다. 물리적인 실체라기보다는 추상화된 계산 리소스, 메모리 리소스를 의미합니다. 클라우드상의 인공지능은 인터넷 사용자의 동향이나 다양한 소비 정보 또는 거리의 CCTV에서 수집한 영상 정보, 화재 정보 등을 실시간으로 데이터베이스에 저장하고 해석합니다. 이렇게 모인 데이터로부터 짧은 시간 간격(수초에서부터 시간, 하루, 월 단위 등 분야마다 다양한 빈도)의 상황이나 성질을 추출해서 현실을 파악할 수 있습니다. 그리고 이런 분석을 바탕으로 서비스나 고객 지원 등을 제공합니다.

클라우드는 일반 컴퓨터를 어마어마한 규모로 확장한 것이므로 클라우드상의 인공지능도 거대한 지능을 실현할 수 있습니다. 데이터베이스를 통해 기억하고, 거대한 계산 리소스를 사용해서 사고하는 것입니다. 하지만 현재는 거대한 계산 리소스를 활용한 지능을 실현하는 것보다 거대한 데이터를 분석하는 데 집중하고 있는데, 이후로 이런 분석을 바탕으로 어떤 지능이 등장할지 사뭇 기대가 됩니다.

예를 들면 도시 전체를 관리하는 인공지능을 생각할 수 있습니다. 센싱 데이터나 감시 카메라 정보, 인공위성에서 얻은 정보 등 도시의 전반적인 데이터를 수집해서 보안이나 서비스를 전개해 가는 도시 자체의 인공지능을 클라우드상에서 실현하는 것입니다. 이때는 테러 등의 위협에 대한 보안을 강화하기 위해 현재 같은 '누구나 들어갈 수 있는 도시(마을)'라는 목가적인 시대는 끝나고, 보안 검색을 통과해야만 출입할 수 있는 시대가 올지도 모릅니다. 어디에 가든 도시의 인공지능이 개개인을 추적하는 완전 감시 시스템에서는 안전은 보장받을지언정 감시라는 불편함이 뒤따르기 마련입니다.

클라우드는 현실, 인터넷 공간, 데이터베이스 3자를 연결하는 존재이기도 합니다. 현실의 복잡성을 흡수할 수 있는 거대한 데이터베이스, 탁월한 사고, 그리고 거기서 발생하는 부차적인 것들이 사회를 바꾸는 기반이 되는 것입니다. 각각의 도시가 클라우드상에 인공지능을 육성하고 운영하는 시대가 올 수도 있습니다.

실제 현재의 로봇은 대부분 클라우드상의 인공지능에 연결되는 것을 전제로 하고 있습니다. 스탠드 얼론(stand alone, 독립형)이 아니라 백그라운드가 되는 클라우드상의 인공지능을 전제로 해서 연동 및 학습하는 것입니다. 이때는 클라우드상의 인공지능이 로봇을 움직이고 있는지, 아니면 클라우드상의 인공지능이 로봇의 지능 자체인지 정의하기가 어려워집니다. 하지만 클라우드상의 인공지능은 모든 로봇의 감각 정보를 모아서 거대한 인식 능력을 만들고 의사 결정을 하며 로봇을 관리하는 존재가 됩니다. 이때 로봇 시스템은 **분산 인공지능**(p.147)이 되며 클라우드상의 인공지능은 그것을 중추로 거대한 인공지능을 형성하게 되는 것입니다. 클라우드 AI에는 '빅 AI의 시대'를 부르는 힘이 깃들어 있습니다.

㉜ 스파스 모델링 / 스파스 코딩

스파스(sparse)란 '드문, 듬성듬성한' 등의 의미가 있습니다. **스파스 모델링**이란 데이터가 '드물게' 있다는 것을 전제로 모델링하거나 부호화(코딩)하는 것을 말합니다. 대상이 '드물다'는 것은 보이는 것이 커 보여도 사실은 소수의 지배적인 요소가 대상을 채우고 있다는 것을 의미합니다.

예를 들어 빅데이터가 아무리 크게 보이더라도 (극단적으로 표현해서 100차원으로 보인다고 해도) 대부분은 10차원의 데이터로 복원할 수 있다면 이 빅데이터는 '듬성듬성하다'라고 볼 수 있습니다.

스파스 모델링은 대상이 '드물게' 있다는 것을 전제로 해석합니다. 반대로 말하면 고차원의 벡터 관측 데이터로 모델을 구축하려면 큰 데이터를 필요로 하지만, 그 구성이 듬성듬성하다면 소수의 데이터를 이용해 모델을 구축할 수 있습니다.

뇌의 정보 처리 방식은 뉴런이라 불리는 신경세포로 구성되어 있습니다. 우리가 실생활에서 인식하는 모든 것은 유한한 뉴런의 발화에 의해 시작됩니다. 뇌가 몇 개의 뉴런(또는 그 집합) 단위로 구성되어 있다고 단순화해서 생각한다면 뇌는 뉴런을 효율적으로 사용하고 있는 셈입니다. 이것도 스파스 모델링입니다. 특히 정보를 가능한 한 소수의 요소로 표현하는 것을 **스파스 코딩**(스파스 부호화)이라고 합니다. 듬성듬성하다는 것은 기억 용량을 절약할 수 있다는 의미도 됩니다.

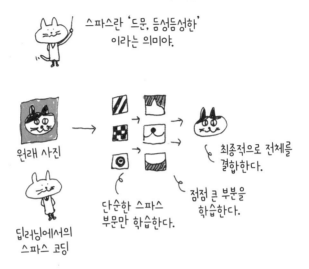

스파스란 '드문, 듬성듬성한' 이라는 의미야.

원래 사진

딥러닝에서의 스파스 코딩

단순한 스파스 부문만 학습한다.

점점 큰 부분을 학습한다.

최종적으로 전체를 결합한다.

💬 33 마르코프 모델

확률 과정이란 특정 상태에서 또 다른 상태로의 전이가 확률적으로 발생하는 과정을 말합니다. 예를 들어 매일 슈퍼마켓에 양배추를 사러 가는 경우를 생각해 봅시다. 양배추 가격은 오르거나 내리지만 어제 가격이 내렸기 때문에 오늘도 내릴 거라 생각할 수 있습니다. 이것은 앞의 현상(양배추 가격이 내렸다)이 다음 현상(양배추 가격이 또 내린다)과 관련이 있다고 생각하기 때문입니다. 여기에 수치를 도입해서 앞의 현상은 다음 현상과 75% 확률로 연관이 있다고 생각할 수 있습니다. 어떤 날의 가격이 내리면 그 다음 날은 75% 확률로 내리며 25% 확률로 오른다고 생각하는 것입니다. 이와 같이 현상의 과정을 확률적으로 생각하는 것이 확률 과정입니다.

확률 과정에서 주의해야 할 것은 실제로 결과가 어떻게 될지는 나중에 생각하는 것입니다. 모델이라는 것은 어디까지나 사람이 추측해서 구축한 것이므로 일단 해당 모델로 생각해 본다는 태도가 중요합니다. 또한 확률은 사람의 불확실한 정도를 나타내는 것이기도 하므로 모델링에 의한 손실도 있을 수 있습니다.

이 확률 과정 중에서 특히 다음 현상이 일어날 확률은 현재의 현상에만 의존한다는 제약을 모델에 적용한 것이 **마르코프 모델**(Markov Model)입니다. 그리고 이와 같은 성질을 **마르코프 성질**이라고 부르며 마르코프 성질을 가진 확률 과정을 **마르코프 과정**이라 합니다.

마르코프 모델의 예를 살펴보도록 하겠습니다. 어느 날 저녁 구름의 모양으로 다음 날 날씨를 예상하려고 합니다. 이것이 어제의 구름 모양이나 그제의 구름의 모양까지 관련 있다고 생각하면, 그것은 마르코프 모델이 아닙니다. 과거는 고려하지 않는 것이 마르코프 모델입니다. 마르코프 성질을 지닌 확률 과정(=마르코프 과정)은 대부분 현실에 의존하고 있습니다.

내일모레

내일

오늘 사야 하나?

양배추

75%

1100원

80%

1200원

2%

1000원

25%

950원

10%

1000원

9%

800원

1000원

now

내일 어떨지를
내일 날씨나 사정을 고려하지 않고
오늘 사정만으로 생각하는 것이
'마르코프 과정'이야.

보이지 않는
요인

10500원

10000원

9000원

은닉 마르코프 과정

요인1 요인2

+20%

xx주식

xx주식

+10%

xx주식

-15%

주식 가격이 어떻게
변했는지 몰라.

㉞ 은닉 마르코프 모델

확률 과정에서 각 대상의 직접 관측이 불가능하더라도 출력은 관측할 수 있는 경우가 있습니다. 이렇게 관측되지 않는 상태를 가진 마르코프 과정을 **은닉 마르코프 과정**이라고 합니다.

예를 들어 특정 주식의 가격을 생각해 보겠습니다. 변동 요소를 알 수 없지만 이 요소는 주가를 출력으로 하는 확률 분포를 가지고 있다고 합시다. 그리고 이런 요소가 두 개 있다고 가정합니다. 이 3자 간의 전이 확률이 정해져 있다면 3자의 전이로부터 최종 주가가 결정된다고 볼 수 있습니다. 즉, 주가의 변동이라는 현상 뒤에는 그것을 출력하고 있는 감춰진 확률 과정이 있는 것입니다. 이것을 **은닉 마르코프 모델**이라고 합니다. 각 요소의 직접적인 정체는 모르지만 출력을 알고 있으므로 거기서 실제 숨겨진 마르코프 모델을 찾아내는 것입니다.

예를 들어 양배추 가격을 매일 기록하고 있다고 가정해 봅시다. 가격 변동을 보여 주는 그래프의 배경에 몇 가지 요소가 있다고 생각할 수 있습니다. 그 정체는 모르지만 '이것을 은닉 마르코프 모델이라고 가정하면 수학적으로 네 개의 요소가 있다고 분석할 수 있는' 것이 은닉 마르코프 모델의 일반적인 사용법입니다. 구체적으로 각 요소가 날씨인지 무엇인지는 사람의 추측에 불과합니다.

은닉 마르코프 모델

다른 숫자도
같다.

예를 들어 주사위에서
1 다음에 3이 나올 확률은 6분의 1

(단순) 마르코프 모델

각 회 차가 서로
전혀 관계없다는 것이
중요하다.

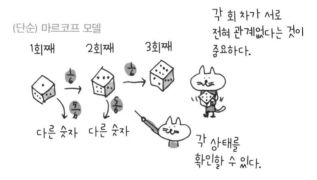

1회째   2회째   3회째

다른 숫자   다른 숫자

각 상태를
확인할 수 있다.

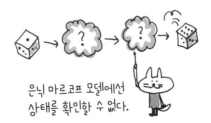

은닉 마르코프 모델에선
상태를 확인할 수 없다.

베이즈의 정리 / 베이지안 네트워크

베이즈의 정리(Bayes' theorem)는 사후 확률과 관련된 정리입니다. **사후 확률**이란 대상 A와 대상 B가 있는 경우 대상 B가 발생했을 때 대상 A가 발생할 확률을 말합니다. 대상 B가 발생한 조건에서 대상 A가 발생할 확률이므로 일종의 **조건 지정 확률**이라고 할 수 있습니다. 반대로 대상 A가 발생했을 때 대상 B가 발생할 확률도 생각해 볼 수 있습니다. 이 두 가지 확률의 관계를 묶은 것이 베이즈의 정리입니다.

사실은 이 두 가지 확률의 비율은 대상 A가 발생한 확률과 대상 B가 발생할 확률의 비율이 됩니다. 또한 대상 B가 발생했을 때 대상 A가 발생할 확률에 대상 B의 확률을 곱한 확률과, 대상 A가 발생했을 때 대상 B가 발생할 확률에 대상 A가 발생할 확률을 곱한 확률은 같은 값이 됩니다. 이 두 가지는 사실은 같은 현상을 가리키고 있기 때문입니다. 이것을 다르게 표현하면 대상 B가 발생했을 때 대상 A가 발생할 확률은, 대상 A가 발생했을 때 대상 B가 발생할 확률에 대상 A가 발생한 확률을 곱해서 대상 B의 확률로 나눈 것과 같습니다.

여기서 '아침에 잔디가 젖어 있는 것을 발견'한다는 현상과 '저녁에 비가 내린다'라는 현상을 생각해 봅시다. 잔디가 젖어 있는 것을 발견했을 때에 저녁에 비가 내렸을 확률, 반대로는 저녁에 비가 내렸을 때 잔디가 젖어 있을 확률이 사후 확률이 됩니다. 잔디가 젖어 있으면 비가 내린 것이 당연하다고 생각한다면 확률은 100%

이지만, 실제로는 스프링쿨러(잔디에 물을 주는 기계)나 아침에 물을 준 사람이 존재할 수도 있습니다. 따라서 그 확률을 100%가 아닌 60%라고 가정해 봅시다.

반대로 비가 내렸으면 잔디가 젖는 것이 당연하다고 생각하면 이 것도 100%이겠지만, 실제로는 아침까지 젖은 것이 말랐을 수도 있고 바람 방향이 달라서 비가 다른 쪽으로 들이쳤을 수도 있습니다. 따라서 80%라고 하겠습니다. 비가 내릴 확률을 30%, 잔디가 젖을 확률을 40%라고 하면 다음 등식이 성립합니다. 이것이 베이즈의 정리입니다.

잔디가 젖어 있을 때 비가 내렸을 확률(60%) =
비가 내렸을 때 잔디가 젖어 있을 확률(80%) ×
비가 내릴 확률(30%) ÷ 잔디가 젖을 확률(40%)

베이즈의 정리는 이와 같이 어떤 현상이 발생했을 때 원인이 되는 현상의 확률을 모델화한 것으로, 주로 사고가 발생했을 때 그 원인을 추적하는 방법으로 활용하고 있습니다.

베이지안 네트워크(Bayesian network)는 여러 현상 간 관계를 좀 더 일반적인 그래프로 나타낸 것으로 화살표가 인과관계를 나타내고 화살표의 값이 사후 확률을 나타냅니다.[10]

---

[10] 역주 참고로 베이지안 네트워크는 연구 분야에서 많이 사용하는 기법입니다. 역자가 일하고 있는 연구소에서도 재난, 재해 등으로 인해 기반 시설이 파괴되었을 때 전후 관계를 규명하고자 이 베이지안 네트워크를 많이 사용합니다.

게임 속의 인공지능

③⑥ 게임 AI

인공지능 발전의 가장 큰 흐름 중 하나는 '인간처럼 현실 세계를 해석하고 의사 결정을 하며 운동하는' 지능을 실현하는 것입니다. 이를 위해 필요한 인공지능의 바탕은 '지식 형성, 의사 결정, 운동 형성'의 3단계입니다. 클로드 섀넌(Claude Shannon)은 1950년대에 30 제곱센티 작은 미로를 푸는 '미로 탐색기'를 만들었습니다. 이것은 목제 쥐로 입구에서 출구까지 전진해서 출구를 찾지 못하는 경우 입구로 다시 돌아가는 방식이었습니다. 쥐는 미로를 '인식'하고 경로를 '의사 결정' 해서 실제로 움직이는 '운동 형성'을 했습니다. 이것은 1970년대 후반부터 '마이크로 마우스'라는 시합 형태로 진행되었습니다. 또한 1990년대 전반에는 로봇을 이용한 경기인 '로봇 컵'이 열렸으며, 특히 팀으로 축구를 하는 '로봇컵 사커'가 시작되었습니다. 실제 로봇을 사용하는 리그와 가상 시뮬레이션을 사용하는 리그가 있습니다. 최근에는 실제 축구나 컬링 데이터를 이용해서 AI를 재구축하는 연구가 활발히 이루어지고 있습니다.

현실 세계는 다양한 측면을 가지고 있으며 인공지능이 활약하는데 몇 가지 어려운 문제가 있습니다. **심벌 그라운딩 문제**(p.201), **지식 표현**(p.167) 문제, **프레임 문제**(p.195), **심신 문제**(p.197) 등이 그것입니다. 이것들은 인공지능 발전 과정 중에 발견된 전형적인 문제입니다. 현실로 향하고자 하는 인공지능은 지금까지 생각하지 못했던 미지의 문제들에 직면하고 있습니다. 이를 타개하기 위해 등장한 것이 게임입니다. 게임이라는 한정된 상자 안에 인공지능을 넣어서 문제에 직면하게 만들고 이를 통해 인공지능을 진화시킨다는 발상입니다. 이 분야를 **게임 AI**라고 부릅니다.

게임 AI에는 체스, 바둑, 장기 같은 '보드 게임 인공지능'과 '디지털 게임 인공지능'이 있습니다. 이 두 가지 큰 흐름에 더해 최근에는 대화를 메인으로 하는 '워울프(werewolf, 늑대 인간)'[11]라는 게임의 인공지능인 **워울프 AI**(p.131)가 새로운 흐름으로 떠오르고 있습니다. 또한 '콘트랙트 브리지(contract bridge)'[12] 등의 카드 게임용 인공지능도 연구 중입니다.

1960년대에 체스 등의 보드 게임 인공지능 연구가 시작되었습니다. 보드 게임의 대부분은 대칭 게임으로 모든 플레이어가 같은 조건으로 대전합니다. 이런 이유로 항상 사람을 대신할 수 있는 인공지능 개발을 목표하는 분야이기도 합니다. 인공지능이 프로 바둑 기사에게 이길 수 있는지 또는 몇 단 정도의 바둑 수준인지가 인공지능 개발의 주요 기준이 됩니다.

1970년대에 TV 게임기가 일반 가정에 보급되기 시작했지만, 당시에는 게임 장치의 일부로 게임 내에서 움직이는 캐릭터를 인공지능이라고 불렀습니다. TV 게임의 인공지능은 플레이어가 캐릭터를 쓰러뜨리며 진행하는 비대칭 게임의 발전을 보여 주었습니다.

---

[11] 역주　워울프 게임은 우리나라의 마피아 게임과 유사한 게임입니다. 마피아를 지정하고 대화를 통해 마피아가 누구인지 추론하는 방식입니다. 자세한 설명은 뒤에서 나옵니다.

[12] 역주　콘트랙트 브리지는 일반적인 트럼프 카드를 사용하는 카드 게임 방식입니다. 참고로 이 카드 게임은 2002년 솔트레이크시티 동계 올림픽과 2010년 광저우 올림픽의 종목이기도 했습니다.

TV 게임의 인공지능은 캐릭터로서 사람과 어느 정도 닮았는지 또는 플레이어를 즐겁게 하는지가 주요한 기준이었습니다. 참고로 TV 게임의 AI 연구가 본격적으로 시작된 것은 1990년대 후반부터입니다.

장기나 체스의 특징으로 이산 공간(discrete space, 격자가 구분되어 있음), 이산 시간(discrete time, 턴 방식), **완전 정보**(모든 정보가 공개되어 있음, p.133) 등을 들 수 있습니다. 즉, 특정 시점의 게임 상태를 완전하게 기술할 수가 있습니다. 플레이어가 어떤 수를 선택하면 다음 게임 상태로 전이하는데, 이때 게임 상태의 가능한 변화를 기술한 것이 **게임 트리**입니다.

보드 게임의 인공지능은 다음 단계로 구성됩니다.

1. 형세를 인식하여
2. 형세가 가장 좋아지는 수(최선의 수)를 게임 트리 안에서 선택하는 의사 결정을 하고,
3. 말을 움직이는 '행동 생성'을 한다.

만약 게임 트리가 모든 형세 변화를 포함하고 있다면 완전한 의사 결정이 가능합니다. 실제 단순한 보드 게임의 경우 모든 형세를 파악해서 이미 인공지능이 우세를 점하고 있습니다. 하지만 장기는 가능한 경우의 수가 10의 220제곱, 바둑은 10의 360제곱이므로 모든 상태를 고려하는 것은 실제로 어렵습니다. 그래서 승률이 높은 형세만 효율적으로 선택하는 '탐색', '형세 평가' 기술을 필요로

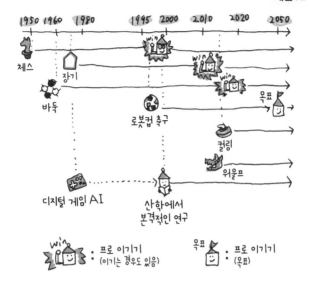

하는데, 이것은 과거의 기보를 '학습'하므로 정확도를 높일 수 있습니다. 하지만 2006년 이후 바둑에선 '한 수를 선택하면 그 뒤는 어느 정도 랜덤으로 게임을 반복해서 승률을 계산하는' **몬테카를로 트리 탐색**(p.139)을 채택하면서 연구가 급물살을 타기 시작했습니다. 그 결과 2016년에는 **알파고**(p.72)가 한국의 최고 프로 기사에게 승리하면서 이전까지의 바둑 AI의 수준을 크게 넘어선 비약적인 발전을 이루었습니다.

장기에선 보난자(Bonanza)법이라는 평가 함수의 파라미터 자체를 자가 학습하는 방법이 두각을 나타냈습니다. '장기 전뇌전'에서 증

명되었듯이 컴퓨터가 프로 기사를 이길 수 있는 수준까지 이른 것입니다. 이외에도 플레이어의 인지 프로세스 연구나 장기를 두는 개인의 개성을 학습(프로 기사를 재현하는)하고 상대를 즐겁게 해 주는 장기 두는 법 등을 연구하는 등 승패를 넘어선 연구가 이루어지고 있습니다.

디지털 게임의 경우 액션 게임을 보면 알 수 있지만, 현실과 비슷한 연속 공간, 연속 시간, **불완전 정보**(p.133)를 가지고 있는 것이 특징입니다. 게임 내의 캐릭터는 자신의 주변 상황을 '인식'해서 공격, 도주, 방어 등의 '의사 결정'을 하고 그에 따라 자신의 신체를 움직이는 '행동 형성'이 이루어집니다. 참고로 디지털 게임은 1초당 30장 또는 60장의 그림을 그립니다(이 빈도를 **프레임 레이트**(frame rate, 초당 프레임 수)라고 합니다). 이 때문에 인공지능도 프레임 레이트에 맞추어 동기화하는 것이 일반적입니다.

연속 시공간에서 가능한 행동은 무한대이므로 주어진 환경과 역할에 따라 '행동을 창조하는 것'이 디지털 게임 AI의 기본입니다. 이를 위해 사용되는 것이 '환경 인식'으로 어떤 공간을 이동할 수 있는지, 공간이나 공간 내의 물체를 어떻게 이용할 수 있는지 등이 중요합니다. 예를 들어 **경로 탐색**이라는 기술을 사용해서 목적지로 향하는 다양한 경로를 찾아냅니다.

디지털 게임 AI의 의사 결정은 크게 '플레이어가 오면 접근한다' 같은 반사형, '플레이어 팀이 있는 곳으로 진입한다' 같은 목적(goal)형

주변 상황(영향 맵)을 이해해서
판단, 행동하는 것이 게임 AI

으로 분류할 수 있습니다. 양쪽 모두 의사 결정에 맞게 신체의 모션 데이터를 조합해서 달리기, 점프하기, 검 휘두르기 등의 복합적 동작을 생성합니다. 디지털 게임은 재미가 중요하므로 '이 캐릭터는 이런 지성이 있다'라고 생각할 수 있는 다양한 체험을 플레이어에게 부여하는 것이 목적이지만, 현재는 기초 이론이 성립되고 있는 단계입니다. 캐릭터 이외의 분야로는 게임 전체의 흐름을 제어하는 **메타 AI**나 게임을 자동 생성하는 **절차적**(procedural) **기술**이 있습니다.

'워울프'는 대화를 통해 마을 사람인 양 정체를 숨기고 있는 늑대 인간을 찾는 게임(오락 게임이 아니라 사람이 참여하는 레크리에이션 게임)이며, 워울프 AI가 한 명의 플레이어가 되어 게임에 참여합니다. 워울프는 사람처럼 대화의 흐름을 '인식'해서 발언 내용을 '의사 결정' 하고 실제 대화를 '생성'합니다. 여기에는 대화로부터 정보를 추출해서 추론하는 것, 대화에 의해 흐름을 유도하는 것 등 새로운 과제가 포함되어 있습니다. 현재는 컴퓨터 내의 텍스트를 사용한 대화가 연구 대상이지만, 언젠가는 현실에서 로봇이 사람의 음성이나 표정, 행동을 읽어서 대화로 사람을 넘어서는 것을 목표로 연구를 진행하고 있습니다.

게임 AI는 이처럼 게임에서 승리하는 것, 적응하는 것이 목표지만 동시에 그 연구는 인식과 행동 주기를 이용해 대상이 되는 세계를 명확하게 만드는 것을 목표로 하고 있습니다.

③⑦ 워울프 AI

워울프(늑대 인간)는 대화로만 구성된 **불완전 정보 게임**(플레이어가 게임의 정보를 불완전하게 알고 있는 게임, p.133)입니다. 플레이어 중에 늑대 인간이 섞여 있으며, 마을 진영과 늑대 진영으로 나뉘어 있지만 마을 사람들은 누가 늑대 인간인지 모릅니다. 매일 오후에 전원의 합의를 바탕으로 늑대라고 생각되는 사람을 한 명 처형하며, 그날 저녁에는 마을 사람 한 명이 늑대에게 잡아먹힙니다. 늑대가 모두 죽으면 마을 사람이 승리하고, 마을 사람이 늑대와 같은 수가 되면 늑대가 승리합니다. 플레이어들은 타인의 발언과 행동으로부터 정체를 추론합니다. 자신의 정체는 처음에 주어진 카드에 의해 정해지지만, 이것은 비밀 정보로 자신만이 알 수 있습니다. 따라서 비대칭 게임(플레이어에 따라 정보에 편차가 있음)이기도 합니다. **워울프 AI**란 이 게임의 플레이어 중 한 명이 되어서 게임에 참여하는 인공지능입니다.

워울프 AI는 자연 언어 처리뿐만 아니라 대화 생성, 추론, 제스처 인식 등 다양한 인공지능 과제를 내포하고 있으며, 도쿄대학, 쓰쿠바대학, 전기통신대학, 시즈오카대학, 도쿄공예대학, 히로시마시립대학 등 다수의 일본 대학이 연합하여 연구를 진행하고 있습니다. 오픈 프로젝트를 목표로 하고 있으며 소스 코드 및 프레임워크에 대한 설명은 워울프 AI(인랑지능)[13] 사이트에 공개되어 있습니다.

---

[13] 역주　워울프 AI는 일본의 인공지능 프로젝트로 일본어로는 인랑지능(人狼知能)이라고 합니다. 인랑은 늑대 인간을 가리킵니다.

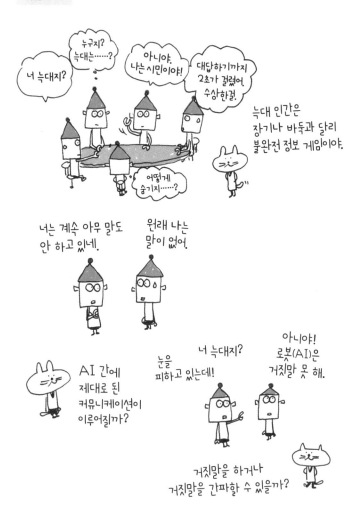

늑대 인간 BBS 등의 로그 정보 분석부터 연구가 시작되었으며(2012년), 그 뒤 단계적으로 발전해서 학습에 의한 워울프 AI가 늑대 인간의 전략을 찾아냈다고 보고된 바 있습니다. 2015년에는 텍스트로 이루어지는 대전 환경이 공개되었습니다. 중앙에 서버가 있고 플레이어인 클라이언트가 각각의 서버와 데이터를 주고받는 시스템으로 발언 순서는 서버가 제어합니다. 이후 음성이나 행동 분석까지 포함하는 종합적 연구를 통해 사람을 상대로 늑대 인간 게임에서 승리하는 것을 목표로 하고 있습니다.

워울프 AI가 주목받는 이유 중 하나는 포스트 바둑 AI, 포스트 장기 AI가 될 인공지능의 목표를 정해야 할 시기에 이르렀기 때문입니다. 또 다른 이유는 워울프 AI가 다루는 주제가 다양하다는 데 있습니다. 거기에는 대인 관계에서 발생할 수 있는 다양한 요소가 포함되어 있습니다.

🗨 38 완전 정보 게임 / 불완전 정보 게임

게임은 인공지능과 깊은 관련이 있습니다. 인공지능은 처음부터 지금과 같은 형태였던 것이 아니라 60년 전에는 일종의 개념으로 시작했습니다. 이것을 구체화하기 위해서는 더 구체적인 문제를 부여할 필요가 있었습니다. 하지만 갑자기 무한의 자유도를 가진 현실이라는 세계를 해석하는 것은 무리였습니다. 그래서 먼저 정해진 틀의 게임부터 시작해서 그 틀을 점점 복잡하게 만들어 가며 인공지능을 단련시켜 온 것입니다.

이런 게임 중에서도 **완전 정보 게임**이란 게임의 전체 정보를 플레이어가 볼 수 있는 게임을 가리킵니다. 장기, 체스, 바둑 등이 여기에 속합니다. 반대로 마작, 트럼프, **워울프 게임**(p.131) 등은 플레이어 관점에서 일부 정보를 볼 수가 없습니다(즉, 마작이나 트럼프 등은 상대방이 가진 카드나 패를 볼 수가 없습니다). 이와 같은 게임을 **불완전 정보 게임**이라고 합니다.

인공지능의 게임의 연구는 먼저 완전 정보 게임을 주요 목표로 잡았습니다. 완전 정보 게임은 확실한 정보로부터 사고를 시작할 수 있다는 특징이 있습니다. 즉, 단순한 사고를 집중적으로 연구할 수 있는 것입니다. 게임 중에서도 해당 게임이 가진 최대 경우의 수가 적은 것부터 해결해 갔습니다. '해결한다'는 의미는 해당 게임에서 항상 승리할 수 있는 방법 또는 모든 수의 순서를 파악한다는 의미입니다. 다른 한 가지 기준은 해당 게임에서 사람에게 승리할 수 있는가 하는 것입니다. 체스나 체커는 상대적으로 쉽게 해결했습니다. 장기는 2015년에 정보처리학회에서 '컴퓨터 장기 프로젝트 종료 선언'을 하며 해결했고, 계속해서 2016년에는 바둑에서 인간 대표를 이기는 경지에 이르렀습니다. 즉, 완전 정보 게임의 인공지능 연구는 마무리 단계에 가까워진 것입니다.

불완전 정보 게임은 불확실한 지식에 기반한 추론이 필요합니다. 다른 말로 하면, 확률에 기반한 사고입니다. 이것은 완전 정보 게

완전 정보 게임/불완전 정보 게임

장기나 체스 같은 게임은
두 사람의 수가 제한되어 있는
완전 정보 게임

상대의 정보를 모르는
트럼프 카드도 불완전 정보 게임

임과 다른 특성으로 완전 정보 게임과 불완전 정보 게임을 명확하게 나누는 기준이 됩니다. 또한 디지털 게임 중 액션 게임도 불완전 게임이라고 할 수 있습니다. 예를 들면 점프했을 때의 궤적 등의 파라미터 등은 플레이어에게 명시적으로 공개하지 않기 때문입니다. 또한 현실의 경제를 불완전 정보 게임으로 간주하는 경우가 있는데 이것을 게임 이론(p.136)이라고 합니다.

39 게임 이론 / 죄수의 딜레마

게임 이론이란 프랑스의 수학자 에밀 보렐(Émile Borel)이 1921년에 제안한 이론으로 특정 사건에 대해 상대와의 협력과 대결 관계를 수리적으로 구하는 이론입니다. 구조는 간단하지만 실용성 있는 결과를 도출해 내기 때문에 특히 경제학 분야를 중심으로 연구가 이루어지고 있습니다.

죄인의 딜레마는 게임 이론의 대표적인 모델로 다음과 같은 조건 하에 두 명의 죄인이 협력하는 것이 좋은지 배신하는 것이 좋은지를 수리적으로 판단합니다.

함께 은행을 터는 범행을 저지른 당신과 동료는 결국 체포되었습니다. 둘은 각각 독방에 수감되었습니다.

체포되기 전에 둘은 무슨 일이 있어도 침묵하기로 약속했습니다. 이를 알아챈 취조관은 두 명을 개별적으로 불러서 다음과 같이 말했습니다.

'만약 두 명 모두 침묵하면 둘 다 징역 2년을 선고받는다. 반대로 두 명 모두 자백하면 둘 다 징역 5년이다. 단, 한 명이 침묵하고 다른 한 명이 자백한 경우는 자백한 쪽은 석방, 침묵한 쪽에게는 징역 10년이 구형된다.'

경우의 수는 다음과 같습니다.

- 죄인 A＝침묵, 죄인 B＝침묵 시　모두 징역 2년
- 죄인 A＝자백, 죄인 B＝자백 시　모두 징역 5년
- 죄인 A＝침묵, 죄인 B＝자백 시　죄인 A＝징역 10년,
　　　　　　　　　　　　　　　　죄인 B＝석방
- 죄인 A＝자백, 죄인 B＝침묵 시　죄인 A＝석방,
　　　　　　　　　　　　　　　　죄인 B＝징역 10년

두 명의 이익을 생각하면 침묵, 즉 '협력'하는 것이 좋습니다(징역 2년으로 해결). 하지만 자신의 이익만 생각하면 자백, 즉 '배신'하는 것이 좋게 보일 수도 있습니다(석방될 가능성이 있음). 과연 어느 쪽이 정말로 좋은 대책인지를 생각하는 것이 죄수의 딜레마입니다.

게임 이론/죄수의 딜레마

형사가 공범으로 잡힌
죄인 A, B에게 제안을 했다.

둘 다 침묵하면
둘 다 징역 2년

했습니다!

한쪽만 자백하면
{ • 자백한 사람: 석방
  • 침묵한 사람: 징역 10년

둘 다 자백하면
둘 다 징역 5년

어느 쪽이
이익이지?

배신(자백)해야 할까?
협력(침묵)해야 할까?

둘은 서로
상담할 수 없어.

그러니까
자백하는 게
유리해.

네, 했습니다.

40 몬테카를로 트리 탐색

몬테카를로 트리 탐색(Monte Carlo Tree Search, **MCTS**)이란 2006년에 프랑스의 레미 쿨롱(Remi Coulom)이 개발한 탐색 기법입니다.

몬테카를로 시뮬레이션은 난수를 이용한 시뮬레이션을 의미합니다. 예를 들어 가상 공간에 설계한 유원지에서 최초 입장객이 어떤 놀이 기구로 향하는지를 난수로 결정하고 사람들이 어떻게 이동하는지 시뮬레이션하는 것입니다.

하지만 MCTS는 몬테카를로 시뮬레이션과는 다릅니다. 먼저 여러 선택안을 동일한 횟수로 시뮬레이션해서 각 선택안이 어느 정도 효용이 있는지 조사합니다. 그중에 특히 효용이 큰 것을 선택해서 더 많은 시뮬레이션 횟수를 할당합니다. 이때 사용하는 알고리즘이 **UCB**(Upper Confidence Bound)라는 것입니다. 예를 들어 세 개의 슬롯 머신 A, B, C가 있다고 가정해 보겠습니다. 처음에는 세대 모두 10회 플레이합니다. 그 결과 A, B, C는 각각 100코인, 50코인, 20코인을 얻습니다. 다음은 C, A, B 순서로 실행 횟수를 늘립니다. 이때 어느 정도 비율로 각각의 횟수를 늘릴지 계산해 주는 것이 UCB입니다.

MCTS를 일약 스타로 만든 것은 **크레이지 스톤**(Crazy Stone)이라는 바둑 AI 프로그램입니다. 한 수를 선택하면 그 다음은 게임이 끝날 때까지 플레이를 반복하며 승률을 계산하는 MCTS를 적용했기 때문입니다. 크레이지 스톤의 전력은 화려합니다. 2006년 제11

몬테카를로 트리 탐색

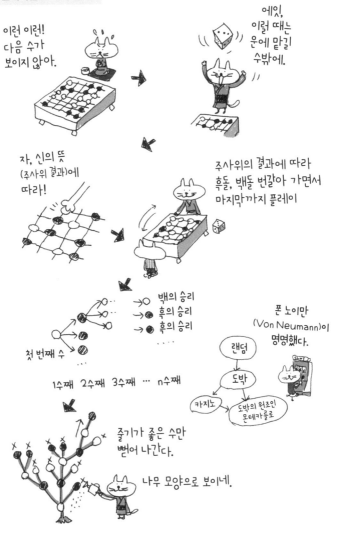

이런 이런! 다음 수가 보이지 않아.

에잇, 이럴 때는 운에 맡길 수밖에.

자, 신의 뜻 (주사위 결과)에 따라!

주사위의 결과에 따라 흑돌, 백돌 번갈아 가면서 마지막까지 플레이

→ 백의 승리
→ 흑의 승리
→ 흑의 승리

첫 번째 수

폰 노이만 (Von Neumann)이 명명했다.

랜덤
도박
카지노   도박의 원조인 몬테카를로

1수째 2수째 3수째 … n수째

줄기가 좋은 수만 뻗어 나간다.

나무 모양으로 보이네.

회 컴퓨터 올림피아드 바둑 부분, 2007년 제1회 UEC배 컴퓨터 바둑 대회, 2008년 제2회 UEC배 컴퓨터 바둑 대회, 2013년 제6회 UEC배 컴퓨터 바둑 대회에서 우승했습니다. 크레이지 스톤 이후 MCTS는 바둑 AI의 선도자로 자리매김하고 있습니다. MCTS를 적용한 바둑 AI 간 차이는 '랜덤으로 둔다'라는 부분을 어느 정도 지능화했느냐에 있습니다. 너무 똑똑하면 의외성이 있는 수를 놓치고, 난수 그대로 두면 계산량이 많아집니다.

바둑 AI는 MCTS 발견 후 반년이 10년 치의 발전을 촉진시켰다고 보고 있습니다. 2015년 **알파고**(p.72)에도 도입되었습니다. 또한 최근에는 실시간 전략 게임에서도 사용하는 등 게임 산업에서 적용하는 사례도 늘고 있습니다.

인공지능의 다양한 형태

㊶ 에이전트 지향

특정 역할이나 임무가 주어진 인공지능을 **에이전트**(agent, 대리인)라고 합니다. **에이전트 지향**이란 하나의 큰 인공지능 머신을 만드는 것이 아니라 개별 인공지능들에게 역할과 목적을 분사시켜 할당하는 것을 말합니다. 특히 에이전트 간 협력을 통해 기능을 구현하고자 하는 기법을 **멀티 에이전트**(p.152)라고 합니다.

예를 들어 로봇이 운영하는 떡꼬치 가게를 생각해 봅시다. 반죽을 만드는 에이전트, 반죽을 떡으로 만드는 에이전트, 떡에 양념장을 발라서 가게 앞에 배치하는 에이전트 등 역할별로 에이전트를 만들고 협력하도록(또는 병렬로 움직이도록) 하는 것이 멀티 에이전트 지향입니다.

에이전트는 특정 목적을 달성하기 위해 만들어진 인공지능인 것입니다.

따라서 복잡한 구조를 가진 대형 인공지능이 아니라 소형 인공지능이 되는 경향이 있습니다. 대형 인공지능이 되는 경우에는 목적을 세분화해서 에이전트 협력에 의해 문제를 해결하는 것이 우선이 됩니다.

에이전트 지향은 1990년대의 인터넷 발전과 동시에 웹 에이전트라는 형태의 연구 분야를 이루고 있습니다. 또한 디지털 게임의 적 캐릭터도 에이전트라고 부르는 경우가 있습니다. 적 캐릭터는 '플

각각이
에이전트

500원입니다.

떡꼬치 가게 전체가
멀티 에이전트

레이어를 방해한다', '플레이어를 유도한다' 등의 특정 목적을 가진
인공지능이기 때문입니다.[14]

---

[14] 역주　역자가 일하는 곳에서도 에이전트 모델을 많이 사용합니다. 예를 들어 전염병 확산 과정
을 보기 위해 병실에 한 명의 환자를 에이전트로 프로그래밍하고 이 환자가 병원을 돌아다니면서
어떻게 병이 확산되는지를 시뮬레이션하는 연구가 있습니다.

42 지식 지향

지식 지향이란 지식을 쌓아서 고도의 지능을 만드는 접근법입니다. 지식의 형태를 **지식 표현**(p.167)이라고 부릅니다. 지식 표현이 규칙 형태로 되어 있다면 그 지능은 전문가 시스템이라고 합니다.

전문가 시스템(p.75)은 규칙 형태로 방대한 지식을 축적합니다. 예를 들어 내과 진료 지식을 규칙으로 만들어서 인공지능이 진단하도록 만들 수 있습니다. 지식 지향은 1980년대에 유행했지만 당시

지식 지향

에는 아직 인터넷이 보급되지 않아서 사람의 지식에 의존하고 있었으며 이 때문에 학습에 한계가 있었습니다. 2000년대로 들어서면서 인터넷상의 위키피디아나 다양한 문장들이 학습의 근간이 되면서 극적인 변화를 가져왔습니다. 2010년대의 지식 지향의 대표는 **IBM 왓슨**(p.70)입니다. IBM 왓슨은 전 세계의 위키피디아를 학습해서 독자 데이터베이스를 형성했고 경험을 가진 전문가로 인간의 작업을 보조하고 있습니다.

43 분산 인공지능

하나의 거대 인공지능을 만드는 중앙 집권적인 방식이 아니라 작은 기능을 가진 인공지능을 조합하여 결과적으로 거대 인공지능을 실현하고자 하는 것을 **분산 인공지능**이라고 합니다. **멀티 에이전트**(p.152)와 비슷하지만 에이전트만큼의 자주성이 없으며 단일 기능을 가진 인공지능을 조합하는 것이 차이입니다. 이 기법의 장점은 용도에 따라 인공지능의 조합을 변경하는 것이 가능하여 다양한 기능을 실현하고 전체적으로 유연한 인공지능 시스템을 만들 수 있다는 것입니다.

인공지능 간 협력 방법은 다양하며 다음과 같은 것이 있습니다.

* 인공지능 간 직접 커뮤니케이션하는 방법

분산 인공지능

놀고 있는 사람 손 들어.

이것 좀 부탁해.

그거 내가 할게.

이거 누가 좀 도와줘.

작은 기능의 AI

하나하나는 작지만 모두 협력하면 큰 힘이 된다는 거네.

인간 사회에서도 통용될 것 같은데.

서둘러.

완성!

알겠어.

이것 좀 부탁해.

가르쳐 줘.

게시판을 사용해서 커뮤니케이션하네.

- 인공지능들이 정보나 명령을 기록할 수 있는 게시판을 중앙에 배치하는 블랙보드(blackboard, 칠판) 아키텍처(간접적인 협력)
- 인공지능 간 협력을 조정하는 특별한 인공지능(조력자(facilitator))을 두는 방법

소수의 인공지능을 활용해서 얼마나 다양한 인공지능을 만들어 낼 수 있는가가 분산 인공지능의 핵심으로 여러 가지 실험이 반복적으로 이루어지고 있습니다. 분산 인공지능은 인공지능 분야의 화학이라고도 볼 수 있습니다.

44 포섭 구조

포섭 구조(subsumption architecture)란 1987년에 매사추세츠공과대학(MIT)의 로드니 브룩스(Rodney Brooks)가 고안한 것으로 인공지능을 위한 새로운 아키텍처입니다. **포섭 아키텍처, 포함 아키텍처**라고도 합니다.

지금까지의 인공지능에선 한 곳에 집중된 정보를 분석해서 의사결정을 하는 중앙 집권적 방법이 주류를 형성해 왔습니다. 하지만 이 방법은 데이터 마이닝처럼 분석에 시간을 요하는 경우를 포함해서, 실시간으로 신체를 움직여야 하는 로봇이나 게임 캐릭터에도 적합하지 않습니다. 그래서 등장한 것이 포섭 구조입니다.

이 구조에서는 센서와 신체 일부와의 직접적인 연계를 우선시합니다. 사람도 시각적 자극을 받으면 신체가 반사적으로 움직이는 경우가 있습니다. 예를 들면 공이 날아오면 피하는 것도 이런 반응(연계) 중 하나입니다. 이런 반사적 지능을 1계층으로 구현합니다.

다음은 1계층을 포함하도록 2계층을 구성합니다. 2계층의 역할은 1계층을 억제해서 고도의 행동을 실현하는 것입니다. 예를 들어 1계층이 '적이 오면 도망간다'라는 반사 행동이라면, 2계층은 일단 도망가는 것은 억제하고 공격 마법을 사용하는 것입니다. 그 뒤 1계층을 개방합니다(즉, 도망갑니다).

3계층은 2계층을 포함하도록 만듭니다. 여기서도 역시 2계층을 억제하고 다른 행동을 합니다. '주변의 아군이 죽으면 회복 마법을 건다' 등입니다. 행동이 끝나면 다시 2계층을 개방합니다. 결과적으로 회복 마법 → 공격 마법 → 도주 순으로 행동하는 것입니다.

이와 같이 반사를 기반으로 한 다단계 행동 방식을 구축하는 것이 포섭 구조로 세상과 신체, 그리고 지능을 연결하는 아키텍처입니다.

포섭 구조는 로드니 브룩스가 만든 아이로봇사의 청소 로봇 룸바(Roomba)에도 적용되어 있을 뿐 아니라 다양한 로봇의 기본 구조로 탑재되어 있으며 디지털 게임의 의사 결정 알고리즘에도 활용되고 있습니다.

🗨️ 45 멀티 에이전트

멀티 에이전트는 에이전트 간 협력을 전제로 한 시스템입니다. 각각의 에이전트는 어느 정도 자율적으로 행동하지만 역할에 따라 협력하기도 합니다. **분산 인공지능**(p.147)에서 설명한 것처럼 연계 방법에는 다음 세 가지가 있습니다.

- 에이전트 간 직접 커뮤니케이션하는 방법
- 블랙보드라고 하는 공유 게시판을 사용해서 간접적으로 상황을 공유하는 방법
- 조력자라 불리는 인공지능이 개별 인공지능과 커뮤니케이션해서 전체를 조율하는 방법

로봇컵 축구를 예로 들어 봅시다. 로봇컵 축구란 자율형 로봇 팀끼리 축구 시합을 하는 대회입니다. 축구 경기장 안에서 로봇이 공을 가지면 '적진으로 달릴게' 하고 선언합니다. 이 로봇보다 앞에 있는 로봇은 '나에게 패스해'라고 외칩니다. 또한 골대에 가까이 있는 로봇은 골문을 향해 달리며 '센터링을 부탁해'라고 요청합니다.

이와 같은 간단한 상황에서도 합의까지 이르기 위해서는 복잡한 처리를 거쳐야 합니다. 이 때문에 멀티 에이전트에선 커뮤니케이션 프로토콜과 합의 프로세스를 설계할 필요가 있습니다. 이것은 앞서 언급한 세 가지 커뮤니케이션 방법 중 하나를 사용하여 해결할 수 있습니다. 디지털 축구 게임을 만드는 경우 처리 부하가 가장 낮은 블랙보드 방식을 선호합니다. 비동기로 에이전트를 연결할

수 있고 메모리 소비는 많지만 부하를 낮게 유지할 수 있기 때문입니다.

멀티 에이전트는 집단 표현에도 유용합니다. 경제 활동, 교통 시스템, 놀이공원 등의 유동 흐름을 설계하는 작업처럼 많은 사람들이 관여하게 되는 시스템의 시뮬레이션에 적합합니다. 멀티 에이전트는 개별 인공지능의 자주성과 전체적인 협력성을 잘 조율해야 유연성을 확보할 수 있습니다. 즉, 개별 인공지능의 자주성이 높으면 전체 협력성이 낮아도 되고, 반대로 자주성이 낮다면 전체 협력성이 높아야 합니다. 즉, 전체 구조와 부분의 자주성으로 이루어지는 복잡한 구성을 띠고 있습니다. 개미나 물고기 등의 자연 집단을 시뮬레이션할 때도 자주 활용하는 방법입니다.

멀티 에이전트는 부분의 연계를 통해 전체를 만들어 내는 새로운 지능, 즉 집단에서만 나타날 수 있는 지능을 연구하는 것입니다. 상향식 연구(아래에서 위로 접근하는 방식)에 의한 새로운 인공지능의 발견이 기대되는 분야입니다.

수다쟁이 인공지능

46 자동 대화 시스템

언어를 다루는 것은 인간만이 가진 가장 특수한 기술입니다. **자동 대화 시스템**은 언어에서 지능의 본질을 찾아내기 위해 서구에선 활발한 연구를 추진하고 있는 분야입니다.

문장에 의한 대화라면 상대의 발언을 먼저 문장으로 나누고 다시 단어, 조사 등으로 분해합니다. 각 부위로 분해하는 것은 독립된 과정이므로 **분산 인공지능**(p.147)처럼 복수의 인공지능이 서로 연계하는 시스템으로 처리할 수 있습니다.

반대로 최적의 문장을 작성할 때에는 문장의 형태를 분석하거나 문장을 생성하는 인공지능에게 기억 스택상의 단어를 부여해서 대답할 문장을 형성합니다. 이외에도 대화 데이터베이스에서 대화의 흐름(문맥)을 학습해서 자연스러운 응답문을 선택하는 경우도 있습니다.

음성의 경우는 음성 인식이나 음성 합성을 사용하게 됩니다. 음성 인식에서 주어진 소리를 음소로 나누어 대응하는 단어를 추측합니다.

대화하는 AI에는 지식이 있는 것과 그렇지 않은 것이 있습니다. 지식이 있는 경우는 인터넷상의 사전이나 학습용 데이터베이스에서 지식을 추출해서 이것을 거대한 데이터로 저장합니다. 그리고 이 데이터를 대화에 활용합니다. 지식이 없는 경우는 대화할 때의 흐름과 문제를 실시간으로 파악해서 응답하게 됩니다.

자동 대화 시스템

음성 인식
문법을 이해
지식 DB를 참조
음성 합성
자동 대화
요즘에는 일이 하기 싫어.
항상 그러잖아.
레몬은 셔서 싫어!
맞아. 레몬은 셔.
학습 없는 대화의 경우 반사적인 반응을 보여 준다.
레몬 싫어.
하지만 비타민이 풍부해. 너 감기 잘 걸리잖아.
타인이나 범용 데이터베이스를 참조하는 대화는 자연스러운 대화가 가능하다.
내가 말이야, 그렇게 되면, 뭐라고 할까……? 전에 말이야.
???
무슨 이야기를 하는지 잘 모르겠어.
실제 대화는 이런 불완전한 정보가 많아.

어느 쪽이든 인공지능이 가장 약한 부분은 '대화의 흐름'입니다. 하나 앞의 대화문에 대해선 나름 자연스러운 대답이 가능합니다. 예를 들어 '사과를 좋아해?'라고 물으면 '응. 좋아해. 너는 포도를 좋아하니?' 등으로 응답할 수 있습니다.

하지만 대화 전체에 대해선 흐름을 읽을 필요가 있습니다. 특히 생략이 많은 일상 대화에선 자동 대화 시스템의 정확도를 유지하는 것이 어렵습니다. 생략이 없는 대화를 주고받는다고 하더라도 대화라는 것 자체로 전달할 수 없는 전제가 있습니다. 바로 대화하는 주체의 배경입니다. '두 명은 학생이고 지금은 겨울이다. 다음 주에 선거가 있다' 등등 실제 대화는 언어 밖에 있는 다양한 상황에 의해 성립됩니다. 하지만 인공지능이 볼 수 있는 것은 실제로 발언된 언어뿐이므로 대화의 흐름을 잡는 것이 애당초 불가능합니다.

그래서 최근의 자동 대화 시스템은 트위터(twitter)나 라인(Line) 등 숫자나 상황이 한정된 것에 초점을 맞추고 있습니다. 대화 장소(상황)를 한정하므로 대화의 흐름을 읽지 못해서 발생하는 부자연스러움을 피하고 성능을 향상시키는 기법을 적용하는 것입니다.

47 인공무능

'인공지능'이라는 용어는 완전한 지능이라는 인상을 전해 줍니다. **인공무능**(人工無能, 또는 **인공무뇌**)은 지능이 없다는 의미가 아니라 인공지능이지만 불완전함이 여실히 드러나는 인공지능을 가리킵니다. 인공지능 기술이 내부에 적용되어 있는지 여부는 문제가 되지 않습니다. 인공지능 기술이 지향하고 있지만 실현하기 어려운 영역에 대해 표면상으로만 그럴싸하게 구현한 소프트웨어를 인공무능이라고 합니다.

그 출발점이 된 것이 대화 로봇입니다. 대화는 인공지능 중에서도 가장 어려운 영역이지만 어떤 사용자라도 완성된 인공지능을 사용해 볼 수 있습니다. 이런 영역은 인공무능의 대상이 되기 쉽습니다. 인공무능의 대화 로봇과 대화를 하면 대부분은 아주 한정된 대화만 주고받을 수 있습니다. RPG 게임(롤플레잉 게임)에는 아무리 말을 걸어도 똑같은 말만 반복하는 캐릭터가 있습니다. 이것도 인공무능의 일종입니다. 인공무능의 즐거움은 인공지능이 목표로 하고 있지만 실현할 수 없는 효과를, 처음부터 성립하지 않는다고 전제하고 즐기는 데 있습니다.

사람은 인공지능이 자신의 지능을 능가하는 것이 아닌가 하는 불안과 기대를 가지고 있습니다. 하지만 인간을 목표로 하는 것처럼 보이지만 도달하지 못하고 있는 인공무능에는 편안함과 즐거움을 느낍니다. 인공무능은 인공지능에 민감한 사람의 심리를 완화하는 역할을 하고 있습니다.

■
인공무능

인공지능의 접근법   인공무능의 접근법

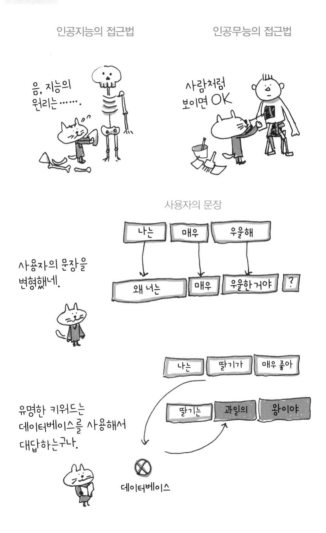

음, 지능의 원리는…….

사람처럼 보이면 OK

사용자의 문장

사용자의 문장을 변형했네.

| 나는 | 매우 | 우울해 |

| 왜 너는 | 매우 | 우울한 거야 | ? |

유명한 키워드는 데이터베이스를 사용해서 대답하는구나.

| 나는 | 딸기가 | 매우 좋아 |

| 딸기는 | 과일의 | 왕이야 |

데이터베이스

48 온톨로지

온톨로지(ontology)란 개념의 체계를 의미합니다. 예를 들어 차를 생각해 봅시다. 차에는 자동차나 오토바이가 있으며 엔진으로 움직이는 것과 사람이 힘으로 움직이는 것도 있습니다. 이들은 모두 차의 하위 개념입니다. 타이어도 하나의 개념이고 타이어 수도 개념입니다. 하지만 이런 개념에는 서열이 있습니다. 차가 가장 큰 개념이라고 하면 이륜차가 그 아래 개념이고 그 아래에는 다시 자전거나 오토바이가 있습니다. 또한 차의 아래 개념에는 사륜차가 있으며 사륜차 아래에는 자동차, 어린이용 장난감 차, 유모차 등이 있습니다. 이런 개념의 계층 구조를 온톨로지라고 합니다. 온톨로지는 개념을 이해해야 하는 인공지능에게 매우 중요한 요소입니다.

인공지능은 그 역사를 돌아보면 정보를 다루는 지능체로 출발했습니다. 그리고 사람이 다루는 개념을 처리할 수 있도록 진화해 왔습니다. 바이너리 데이터(0과 1로 구성된 데이터)에서 기호로, 기호에서 언어로, 그리고 언어에서 개념으로 인식의 영역을 넓혀 온 것입니다. 이것은 인공지능을 더 사람에 가깝게 만들기 위한 시도입니다.

온톨로지는 다양한 분야로 구성됩니다. 차, 법률, 야구, 요리 등 인간은 분야별로 풍부한 개념 체계를 가지고 있습니다. 이 개념 체계들은 모두 사람이 기술하는 것입니다. 온톨로지의 계층 관계를

후지, 레드 딜리셔스, 골든 딜리셔스(사과 종류)

행복, 사랑, 신

저체온의 체온 상승

생산자 ── 산지

폴리페놀

빨간색

가격 1000~10000원

크기

무게

당도

칼로리

왜성재배법

출하일

품종

장미과

apple

하루 한 개의 사과는 장수 비결

먹는 것

아담과 하와

칼륨, 유기체

건강 식품

문경

키티 인형의 키는 사과 다섯 개분

요리 방법

과자

기원전 6000년 / 터키

스마트폰 회사

링고 스타(가수)

사과란 이런 거야.

그렇구나!

'사과'한 단어에도 많은 정보가 있구나.

AI는 아직 사람에게서 지식 표현을 배우고 있어.

출하일

생산자, 산지

가격

크기

당도

사과란……

그렇구나!

사과란?

AI가 스스로 지식 체계를 학습하도록 하는 것이 목표

야채 장사 AI를 생각하면 제공할 지식은 극히 일부만 있어도 돼.

무엇을 가르칠지는 사람이 정하고 있지.

데이터로서 인공지능에게 부여하면 인공지능은 이를 사용해 보다 고차원의 개념을 처리할 수 있습니다. 비둘기나 갈매기는 '새'이고, 사과나 오렌지는 '과일'이면서 '먹는 것'이라고 하는 구체적인 개념을 가지게 된다는 의미입니다. 인공지능이 개념 자체를 이해하기는 어렵지만 개념의 체계를 이해하는 것은 가능하며 이것은 인공지능의 발전에 큰 원동력으로 작용하고 있습니다.

49 시맨틱

시맨틱(semantic)이란 '의미적인'이라는 뜻을 가지고 있습니다. 예를 들어 웹상에 있는 문장을 인공지능이 처리할 때, 단순한 기호의 집합으로 보는지 아니면 그 안에 있는 의미를 파악하는지에 따라 차이가 발생합니다. 문장을 의미적으로 분석하는 것을 '시맨틱 분석'이라고 표현합니다.

시맨틱 네트워크(의미 네트워크)라는 것은 다양한 개념을 관계에 기반해서 연결시킨 그래프 구조입니다. 예를 들어 '말'과 '동물'이라는 두 개의 개념 사이에는 '말은 동물이다', 즉 '말 is-a 동물'이라는 관계가 성립합니다. 즉, '말'과 '동물' 사이에는 'is-a' 관계(~는 ~이다 관계)가 성립하며 둘은 이 관계에 의해 연결(링크)됩니다. 또한 '말에는 다리가 있다', 즉 '말 has-a 다리'라고 할 수 있으므로 '말'과 '다리'는 'has-a' 관계(~가 ~를 가지다 관계)가 성립하며 둘은 이 관계로 연결됩니다.

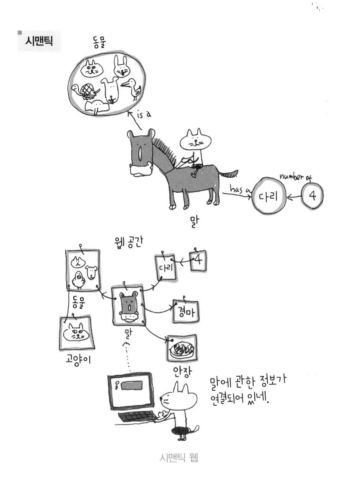

시맨틱 웹

시맨틱 웹이라는 것은 다양한 기술을 사용해 웹 페이지의 의미를 컴퓨터가 이해하도록 만드는 것입니다. 시맨틱 웹이 실현되면 인공지능은 이전보다 더 많은 지식을 학습할 수 있게 됩니다.

50 LDA

한때 주사위를 던져서 대화 주제를 정하는 방송이 인기를 끈 적이 있습니다. **LDA**(Latent Dirichlet Allocation, **잠재적 디리클레 할당**)는 이렇게 주사위를 던져서 확률적으로 문장을 만드는 모델입니다.

단, 주제만 정하는 것으로 충분하지 않으므로 여분의 주사위를 더 준비합니다. 이 여분의 주사위에는 해당 주제에서 자주 사용되는 용어가 적혀 있습니다. 예를 들어 주제를 정하는 주사위에는 축구, 정치, 요리, 여행, 과학, 학교라고 적혀 있다고 하면, 이 주제 각각에 대한 별도의 주사위를 하나씩 더 준비합니다. 즉, 주제가 축구라면 두 번째 주사위에는 킥, 골, 승리, 서포터, 공 등 축구와 관련된 용어가 적혀 있는 것입니다.

이렇게 주사위를 준비한 후 먼저 첫 번째 주사위를 세 번 던져 주제를 세 가지 정합니다. 계속해서 각 주제 전용 주사위(용어 주사위)를 한 번씩 던져서 용어를 선택합니다. 이 용어들을 사용해서 문장을 만들어 가는 것이 LDA입니다.

단, 6면인 주사위로는 정밀한 문장을 만들 수 없습니다. 그래서 훨씬 많은 면을 가진 주사위를 가정해서 사용합니다. 또한 각 면이 나올 확률이 균등하지 않은 경우도 있으며 이 확률을 지정할 수도 있습니다. 이런 주사위로 앞의 과정을 실행하면 보다 정밀한 문장을 구성할 수 있습니다.

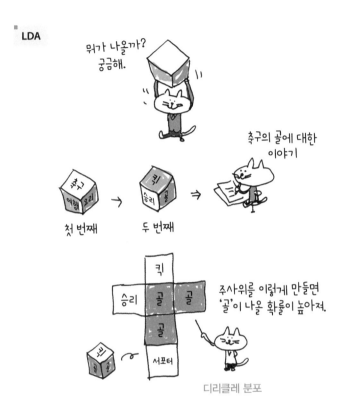

LDA

뭐가 나올까?
궁금해.

축구의 골에 대한
이야기

첫 번째 → 두 번째 ⇒

주사위를 이렇게 만들면
'골'이 나올 확률이 높아져.

디리클레 분포

이 이론의 배경에는 하나의 문장에는 동일한 주제의 용어가 다수
포함된다는 가정이 들어 있습니다. 즉, 축구가 주제라면 축구와 관
련된 일련의 용어가 높은 확률로 나올 것입니다. 따라서 주제를 정
하면 용어가 어느 정도 정해진다고 볼 수 있습니다. 반대로 용어의
집합이 주어졌을 때 이 용어들이 어떤 주제와 관련되었는지 확률
적으로 정할 수도 있습니다.

LDA는 이런 가정을 바탕으로 탄생한 모델로 문장을 해석, 학습, 생성할 수가 있습니다.

51 지식 표현

지식 표현(knowledge presentation)은 인공지능의 가장 기본적인 개념으로 인공지능이 가진 지식의 형태를 규정하는 것을 의미합니다. 지식의 형태는 다양하며 어떤 형태를 채택하느냐에 따라 인공지능의 기본 구조가 달라집니다.

지식 표현은 세상과 인공지능 사이를 연결하는 정보 주체입니다. 이것은 **프레임 문제**(p.195), **심벌 그라운딩 문제**(p.201)와도 밀접한 관계가 있으며, 인공지능은 사람이 부여한 지식 표현이 없으면 지식을 획득할 수가 없습니다.

지금까지 어떤 지식 표현을 준비하면 어떤 지능을 실현할 수 있는지에 대한 적극적인 연구가 진행되어 왔습니다. 리스트 구조, 트리구조, 네트워크 구조 등 다양한 형식의 지식 표현이 다양한 인공지능을 만들어 낸 역사가 있습니다.

지식 표현은 프로그램과 인공지능 사이의 가교 역할을 하기도 합니다. 지식 표현이 정해지면 프로그램상의 데이터 구조를 결정할 수 있습니다. 그리고 데이터 구조가 정해지면 그것을 사용하는 프로그램의 움직임을 정의할 수 있습니다. 이 움직임이 인공지능을

지식 표현

작동시키는 것입니다.

디지털 게임에서도 지식 표현은 중요합니다. 게임 내의 인공지능도 지식 표현이 없으면 게임 세계를 이해할 수 없습니다. 게임 개발의 역사에 있어서도 다양한 형태의 지식 표현이 고안되어 왔습니다.

52 자연 언어 처리

자연 언어 처리(natural language processing)는 인공지능이 사람의 글과 말을 이해하도록 만드는 시도입니다. 인공지능은 문장을 먼저 품사로 분해합니다. 이것을 **형태소 분석**이라고 합니다. 형태소(의미를 가지는 최소 단위)로 분해했으면 다음은 **구문 분석**을 하고 마지막으로 **의미 분석**을 합니다.

사람의 언어를 인공지능이 해석하는 것은 어렵지만 현재까지 다양한 문장 해석 기법이 개발되었습니다. 특히 최근에는 인터넷을 통해 방대한 문장 데이터베이스를 수집할 수 있습니다. 이런 문장의 집합을 **코퍼스**라고 하며, 코퍼스에서 문장 내의 단어 간 상관관계를 학습해서 특정 단어와 연계된 단어를 도출하는 것입니다. 예를 들어 '사과'라는 단어가 포함된 문장에는 높은 빈도로 '빨갛다', '달다', '동그랗다' 등의 형용사가 등장합니다. 따라서 '사과'와 '빨갛다'의 상관관계가 강하다는 사실을 통계적으로 입증할 수 있습니다.

또한 자연 언어 처리는 **생성 문법**과도 밀접한 관계가 있습니다. 생성 문법은 규칙에 따라 문장이 생성된다는 이론입니다. 이것은 규칙의 조합을 통해 문장을 생성할 수 있다는 것을 시사합니다.

자연 언어 처리

자연 언어로 만들어진 문장은 지능의 표출이기도 합니다. 문장에 내재하는 지능을 추출하려고 하는 행위는 언어를 넘어선 존재를 찾고자 하는 행위이기도 합니다.

의사 결정을 하는
인공지능

53 반사형 AI / 비반사형 AI

인공지능은 반사형 AI와 비반사형 AI로 분류할 수 있습니다.

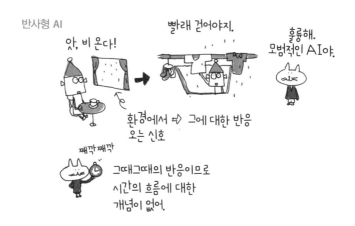

반사형 AI

앗, 비 온다!

빨래 걷어야지.

훌륭해. 모범적인 AI야.

환경에서 오는 신호 ⇨ 그에 대한 반응

째깍째깍

그때그때의 반응이므로 시간의 흐름에 대한 개념이 없어.

비반사형 AI

내일 등산을 위해 준비해야지.

날씨도 좋고!

도착 예정 시간 14:28:36

순차적으로 주변 환경에 반응, 판단한다.

반사형 AI / 비반사형 AI

반사형 AI는 주변 환경에 따라 행동하는 인공지능입니다. 소리가 나면 반응하거나 진동을 느끼면 점프하고 옆에서 멧돼지가 나오면 도망가는 등 외부 변화에 따라 정해진 동작을 하는 것입니다. 반사형 AI에는 '미래'라는 개념이 없고 '현재'만 존재합니다.

한편 비반사형 AI는 의사 결정을 하는 (미래를 바라보고 행동하는) 인공지능입니다. 목적을 가지고 행동하거나 계획을 세워 행동하고 시뮬레이션을 통해 행동합니다.

다양한 **의사 결정 알고리즘** 중 규칙 기반(rule-based), 상태 기반(state-based), 행동 기반(behavior-based) 등은 반사형 의사 결정에 해당되며 나머지는 비반사형 알고리즘으로 분류됩니다.

54 의사 결정 알고리즘

스스로 감정을 가지고 의사 결정을 하고 행동하는 인공지능을 **자율형 인공지능**이라고 합니다. 이때 사용하는 **의사 결정 알고리즘**을 'OO 기반'이라고 합니다. OO에 들어가는 것은 의사 결정의 단위 형태입니다. '규칙 기반'이라고 하면 '규칙'을 단위로 하는 의사 결정을 구성하며, '목표 기반(goal-based)'이라고 하면 '목표'를 단위로 의사 결정을 구성합니다.

아래에 인공지능에서 자주 사용하는 여덟 가지 단위를 설명하고 있으며 각각은 전혀 다른 특징을 가지고 있습니다. 왜냐하면 각 단위는 사람이 가지고 있는 의사 결정 능력의 특징만 추출해서 고안한 것이기 때문입니다.

규칙 기반

규칙 기반이란 '만약 ~라면 ~이다'라는 **규칙**에 근거해 의사 결정을 하는 방법입니다. 먼저 여러 가지 규칙을 리스트로 만듭니다. 예를 들면 다음과 같은 것이 있습니다.

- 가장 강한 상대를 선택해서 마법 공격을 한다.
- 체력이 반이 되면 회복 약을 마신다.
- 공격당하면 공격한 상대를 반격한다.
- 같은 편의 체력이 10%가 되면 회복 약을 마시게 한다.

앞의 조건이 참일 때만 뒤에 있는 규칙을 적용할 수 있습니다.

적용 가능한 규칙이 여러 개 있으면 그중 가장 적합한 규칙을 선택하는데, 이때 사용하는 것이 규칙 선택자(rule selector)입니다. 또는 규칙에 실행 우선순위를 정해 두고 가장 우선순위가 높은 규칙을 선택해서 실행하는 방법도 있습니다.

상태 기반

상태 기반이란 인공지능의 **상태**(state)를 바탕으로 의사 결정을 하는 방식입니다. 여기서 말하는 상태란 인공지능이 어떠한 액션을

취하는가를 의미합니다. 예를 들어 '걷다', '쉬다', '공격하다' 같은
상태에는 실제로 인공지능이 해당 상태에 놓였을 때 어떤 행동을
해야 할지가 정의되어 있습니다. 여러 상태를 전이 조건으로 연결
한 그래프를 **상태 기계**(state machine)라고 하며, 상태 전이 관리에
자주 사용되는 방식입니다.

행동 기반

행동은 신체적 행동을 의미하고, **행동 기반**이란 신체적 행동을 조
합해서 의사 결정을 하는 방법입니다. 행동은 '서다', '검을 휘두르
다', '달리다', '점프하다' 등 신체의 움직임을 가리키며, 이런 행동
들을 조합하여 '서서 검을 휘두르고 점프한다' 같은 일련의 동작을
만들어 내는 의사 결정을 행동 기반이라고 합니다.

뜀틀을 뛰어넘는 인공지능을 생각해 봅시다. 이 경우 '달려서', '밟
고', '점프하고', '손을 짚고', '착지한다'라는 일련의 동작을 통해 '뜀
틀을 넘는다'라는 문제를 해결할 수 있습니다.

디지털 게임에선 **행동 트리**라고 불리는 구조를 자주 사용합니다.
이것은 노드가 모두 행동으로 구성된 트리 형태의 그래프로, 2004
년에 '헤일로2(Halo 2)'라는 게임에서 첫선을 보였으며 게임 업계에
서 가장 많이 사용되는 의사 결정 방식입니다.

목표 기반

목표 우선이라고도 하는 방식으로 먼저 최종 목표를 AI가 스스로 정하거나 사람이 부여합니다. 그리고 이 목표를 달성하기 위한 계획을 AI가 스스로 세웁니다.

목표 기반은 대부분 계획과 세트로 활용됩니다. 1980년대에 스탠퍼드대학이 개발한 'STRIPS(Stanford Research Institute Problem Solver)'는 목표 달성을 위한 처리나 행동 순서를 만드는 알고리즘입니다. 여기서 발전한 것이 연쇄 계획이라고 하는 것입니다. 디지털 게임에선 연속된 행동 계획을 실시간으로 만들어야 하므로 **목표 지향 행동 계획**(Goal-Oriented Action Planning, GOAP)이라는 기법을 활용합니다. 이외에도 최종 목표를 작은 목표로 분해하는 **계층형 목표 지향 계획** 기법도 있습니다.

유틸리티 기반

유틸리티 기반(utility-based) 인공지능에는 상황에 따라 선택할 수 있는 여러 가지 행동을 부여합니다. 혹은 스스로 행동을 제안할 수도 있습니다. 어떤 선택을 할지는 해당 행동을 선택했을 때 얼마나 많은 대가가 따르는지로 판단합니다. 이 대가를 학술적으로는 **효용**(유틸리티)이라고 합니다. 어느 정도의 효용이 발생하는지를 수치화해서 복수의 행동을 비교하고 이 중 최대 효용이 있는 행동을 선택하는 것입니다.

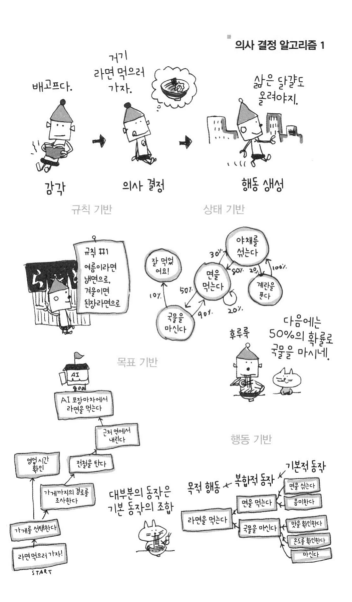

태스크 기반

태스크 기반은 특정 문제나 목표를 태스크로 분해해서 행동을 구성하는 방법입니다. 먼저 문제 영역을 결정하고 영역 내의 대상과 영역 내에서 가능한 처리를 정의합니다. **태스크**는 해당 문제 영역에서 명확히 정의된 처리로, 이 태스크를 반복해서 문제를 해결하는 것이 태스크 기반입니다. 예를 들어 장난감 블록을 쌓는 문제를 생각해 봅시다. 대상은 블록이며, 처리는 '블록을 내린다', '다른 블록 위에 올린다'의 두 가지가 있습니다. 이 두 가지 처리를 조합해서 문제를 해결합니다.

문제가 더 복잡한 경우에는 태스크를 계층 구조로 구성합니다. 문제를 큰 태스크로 분해하고 이것을 다시 작은 태스크로 분해해서 문제를 해결합니다. 예를 들어 '자동차를 만든다'는 태스크를 생각해 봅시다. 먼저 외관, 엔진, 의자 등 큰 부분을 만드는 태스크로 분해합니다. 그리고 다시 이 태스크들을 작은 부품을 조합하는 태스크로 분해합니다. 여기서 다시 상세 태스크로 분해할 수도 있습니다. 이때 태스크 간에는 순차 구조가 설정됩니다. 나사를 조이는 순서나 색을 칠하는 순서 등입니다. 이렇게 태스크를 단계적으로 분해해서 계층 구조를 구축하는 것을 **계층형 태스크 네트워크**(Hierarchical Task Network, HTN)라고 합니다. 원래는 장기적인 계획을 구축하는 알고리즘이었지만 디지털 게임에선 실시간으로 캐릭터의 행동을 구성하는 알고리즘으로 활용하고 있습니다.

시뮬레이션 기반

인공지능이 해결해야 할 문제가 항상 명확한 모델로 만들어지는 것은 아닙니다. 문제가 명확히 정의되지 않은 경우에는 몇 번이고 시뮬레이션해서 정답에 도달하는 방법을 찾아야 합니다. 이것이 바로 **시뮬레이션 기반** 인공지능입니다. 경로 탐색의 선형 계획법이나 바둑 AI의 **몬테카를로 트리 탐색**(p.139)은 시뮬레이션 기반입니다.

여기서 말하는 시뮬레이션이란 인공지능이 할 수 있는 행동들의 조합을 주어진 세계(모델)에서 다양한 방법으로 실행해 보는 것을 의미합니다. 이것은 행동과 그에 따른 결과를 인공지능이 머리로 그려 보는 것과 같습니다. 즉, 시뮬레이션이란 인공지능의 '상상'이라고 볼 수 있습니다.

사례 기반

사례 기반(case-based)이란 사례(케이스)를 참고로 의사 결정을 하는 방법입니다. 과거 자신의 상황과 행동, 그리고 그 결과를 기억해 두었다가 다음에 비슷한 상황을 만나게 되면 그 기억을 바탕으로 의사 결정을 하는 것입니다. 사례 기반 학습이란 사례를 모아 분석해서 의사 결정에 필요한 시스템을 구축하는 학습 방법입니다. 예를 들어 F1자동차대회에서 곡선 코스를 잘 통과한 것을 기억해 두면 다른 비슷한 곡선 코스에서도 그 경험을 적용할 수 있습니다.

의사 결정 알고리즘 2

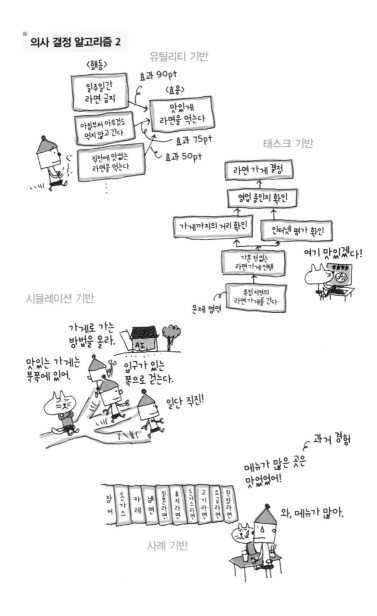

유틸리티 기반

〈행동〉
일주일간 라면 금지 → 효과 90pt

〈효용〉
맛있게 라면을 먹는다

아침부터 아무것도 먹지 않고 간다

효과 75pt

직전에 맛없는 라면을 먹는다

효과 50pt

태스크 기반

라면 가게 결정

영업 중인지 확인

가게까지의 거리 확인

인터넷 평가 확인

여기 맛있겠다!

가본 적 없는 라면 가게 선택

특정 지역의 라면 가게를 간다

문제 영역

시뮬레이션 기반

가게로 가는 방법을 몰라.

AI

맛있는 가게는 북쪽에 있어.

입구가 있는 쪽으로 걷는다.

일단 직진!

과거 경험

메뉴가 많은 곳은 맛없었어!

장어 | 돈가스 | 카레 | 냉면 | 일본라면 | 후지라면 | 돈가스라면 | 고기라면 | 소금라면 | 된장라면

와, 메뉴가 많아.

사례 기반

생물을 모방하는
인공지능

55 보이드

전진하는 개미나 수영하는 물고기, 하늘을 나는 새, 초원을 달리는 버팔로 등이 무리를 지어 이동할 때의 움직임은 매우 복잡해보입니다. 사람들은 분명 나름대로의 복잡한 판단이나 행동 기준이 있을 거라고 생각합니다. 하지만 이런 무리의 동작은 사실 아주 간단한 규칙을 기반으로 하고 있으며, 그 규칙을 재현하는 것이 가능합니다.

'복잡함이란 단순함의 집합이다'라는 명언이 있는 것처럼 새가 무리 지어 나는 모양을 매우 간단한 규칙을 적용해 재현한 것이 **보이드**(Boid)입니다. 보이드는 1987년에 크레이그 레이놀즈(Craig Raynolds)가 고안한 것으로 컴퓨터 공간 위에서 자유롭게 날아다니는 새의 무리를 시뮬레이션한 것입니다. 참고로 'Boid'란 bird-oid(새와 비슷한 것)의 단축형입니다.

레이놀즈는 보이드 새들에게 다음과 같은 규칙을 부여했습니다.

- 규칙 1: 가까이 있는 새는 서로 나는 방향과 속도를 맞출 것.
- 규칙 2: 새가 많은 쪽을 향해 날 것.
- 규칙 3: 가까운 새나 물체에 다가가면 부딪히지 않도록 서로 멀어질 것.

이 세 가지 규칙을 기반으로 새들의 벡터(진행 방향과 속도)를 계산해서 새를 움직이는 것입니다. 보이드들은 이 규칙만으로 실제 새

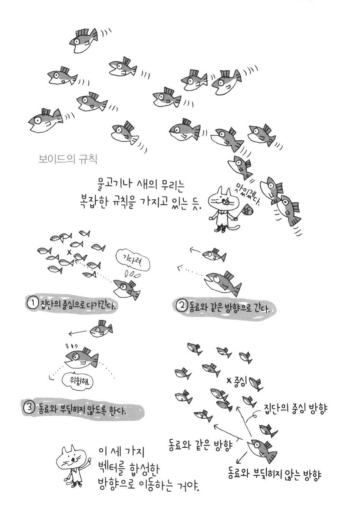

보이드의 규칙

물고기나 새의 무리는
복잡한 규칙을 가지고 있는 듯.

맛있겠다.

① 집단의 중심으로 다가간다. 기다려

② 동료와 같은 방향으로 간다.

③ 동료와 부딪히지 않도록 한다. 위험해.

× 중심
집단의 중심 방향
동료와 같은 방향
동료와 부딪히지 않는 방향

이 세 가지
벡터를 합성한
방향으로 이동하는 거야.

와 같은 자연스러운 움직임을 보여 줍니다.

위 세 가지 규칙 외에도 보이드를 진짜 새처럼 보이도록 하는 규칙이 더 있습니다. 예를 들어 보이드에 '시야'라는 파라미터를 추가해서, 모든 방향의 동료를 볼 수 있는 개체나 앞쪽 동료만 볼 수 있는 개체 등 새마다 개성을 부여하는 것입니다. 또는 속도나 선회 능력처럼 비행 기술을 개별적으로 설정해 주면 집단으로서의 동작이 더 복잡하면서도 자연스러워집니다.

실제 새의 무리도 이런 규칙을 사용하고 있는지는 확실하지 않습니다. 하지만 놀랍게도 이런 단순한 규칙의 조합만으로도 복잡해 보이는 동작을 잘 표현해 낼 수 있습니다. 이렇게 단순한 규칙으로 집단의 움직임을 표현하는 것을 **군집 행동 생성 알고리즘**이라고 하며, 게임이나 CG 분야의 핵심 기술이기도 합니다.

💬56 사이버네틱스

사이버네틱스(cybernetics)란 인공지능이 자신과 외부와의 관련성을 감시하면서 스스로를 제어하는 것을 말합니다. 레이저를 사용해 목표 지점을 찾아가는 문제를 생각해 봅시다. 인공지능은 목표 지점과 도착 지점과의 차이를 관측해서 그 차이를 메워 나가도록 제어합니다. 이것을 **피드백**(feedback) **제어**라고 합니다. 드론이 특정 목표 지점에 착륙하려고 할 때 목표 지점까지의 직선과 자신의 하

사이버네틱스

강 방향과의 차를 계산하면서 하강하는 것이 피드백 제어의 한 예입니다.

이와 같이 사이버네틱스란 생물이나 환경과의 관계에서 스스로를 유연하게 변화시키는 특성을 기계 지성에 도입하고자 하는 방침입니다. 1947년에 미국의 수학자 노버트 위너(Norbert Wiener)가 창시한 것으로 위너는 이후로도 사이버네틱스 연구에 매진하여 새로운 개념을 만들어 갔습니다.

57 영상 인식

사람이 시각을 통해 사물을 인식하듯이, 외부의 영상 신호로부터 인식하는 기술을 **영상 인식**이라고 합니다. 예를 들어 감시 카메라나 로봇의 시각으로부터 얻을 수 있는 입력 영상(이미지)에서 특정

영상 인식

대상을 찾아내는 데 유용합니다. 자동차의 흐름이나 공장 내의 물품 이동 흐름을 동적으로 감시할 때도 사용할 수 있습니다. 의료 분야에선 엑스레이 사진으로부터 병명을 찾아낼 때도 도움이 됩니다.

58 군집 지능

군집 지능(swam intelligence, 무리 지능이라고 함)이란 집단으로서 발휘되는 지능적 능력을 가리킵니다. 예를 들어 하나하나의 개미는 단순한 작업만 가능하지만 개미가 무리를 이루면 복잡한 개미집을 형성할 수 있습니다. 개미 집단이 지능을 발휘한 것이라 볼 수 있습니다. 또는 멸치 같은 작은 물고기들이 무리를 형성해서 포식 동물에 대항하는 것도 생태계에서 볼 수 있는 군집 지능입니다. 군집 지능은 개별적으로는 보이지 않는 지능을 표출하는 것으로 매우 흥미 있는 주제이기도 합니다.

군집 지능에는 다양한 단계가 있습니다.

1. 여러 개체가 모여서 하나의 큰 개체인 것처럼 행동하는 원시적인 단계. 다랑어, 해파리 등.
2. 페로몬이나 춤 등의 간단한 전달 능력을 사용해 집단이 규율 행동을 형성하도록 하는 단계. 개미나 벌 등.
3. 언어를 사용해 복잡한 커뮤니케이션을 하며 무리가 강한 연대성으로 익히는 단계. 인간의 특징.

군집 지능

앗, 먹이 발견.

야호!

페로몬을 방출한다.

콩콩

다른 이의
페로몬을 맡는다.

콩콩

우와!
먹이 발견.

각각은 간단한
규칙으로 움직이고 있어.

페로몬 경로를
따라간다.

예)
· 랜덤으로 이동
· 페로몬을 발견하면
  그것을 따라 이동
· 먹이를 발견하면
  페로몬을 방출

페로몬 방출

페로몬의 농도가 높아졌어.

전체적으로는 복잡해 보이는
움직임이지만······.

모두 먹이가
있는 곳으로
향하고 있어.

인공지능의 철학적 문제

59 인공지능과 자연지능

사람이 가진 지능을 **자연지능**이라고 하며 자연지능을 만들어 내는 지능을 **인공지능**이라고 합니다. 지능이란 '지적인 지능'으로 지능을 가진 존재를 **지성**이라고 부릅니다.

인공지능에는 여러 분류가 있지만 대표적 분류 중 하나로 단기능적인 것과 범용적인 것이 있습니다. 단기능적 인공지능은 문제 특화형으로 '장기를 둔다', '번역한다' 등 주어진 문제를 해결하는 것을 목적으로 합니다. 반면 범용적인 인공지능은 자연지능에 가까운 지능을 실현하고자 하는 시도입니다. 모든 보드 게임을 플레이할 수 있는 인공지능 등 포괄적인 지능을 가진 것을 가리킵니다.

단기능적인 인공지능에 대해선 최근 반세기 동안 비약할 만한 연구 성과를 이루어 냈지만, 범용적 인공지능의 경우는 난이도가 매우 높아서 구현하는 것이 불가능하다고 보는 연구자도 있습니다.

인공지능의 또 다른 주요 분류는 인공지능이 신체를 가지고 있는지 여부에 따른 것입니다. 단기능의 인공지능은 신체를 가지지 않는 경우가 대부분입니다. 반면 인공지능이 신체를 가지고 있다는 것은 신체가 발생시키는 다양한 문제를 지능이 해결한다는 것을 의미합니다. 따라서 지능, 신체, 환경 사이에 발생하는 상호 작용을 해결할 수 있는 종합적인 지능이 필요합니다.

단기능 AI

범용 AI

60 심벌리즘과 커넥셔니즘

인공지능에는 두 가지 흐름이 있습니다.

첫 번째는 기호(심벌)와 규칙에 따라 지능을 만들려고 하는 것으로 **심벌리즘**(symbolism)이라고 합니다. **다트머스 회의**(p.30)에서 다룬 주제의 대부분은 기호를 조작하는 인간의 사고, 추론 능력을 기계가 모방하도록 한 것입니다.

다른 한 가지 흐름은 1950년대부터 대두된 것으로 수치 시뮬레이션을 이용해 뇌의 신경 회로를 모방하는 **뉴럴 네트워크**로 지능을 실현하려고 한 것입니다. 이것을 **커넥셔니즘**이라고 합니다. 커넥셔니즘은 기호를 통하지 않고 수치 입력, 신경 회로 연산, 수치 출력으로 구성됩니다. 기호를 잘 다루지는 못하지만 영상, 사진, 음성 등 기호로 복원할 수 없는 수치 데이터의 인식과 분류가 특기입니다.

61 튜링 테스트

튜링 테스트(turing test)란 알란 튜링(Alan Turing)이 만든 인공지능의 능력 테스트입니다. 기본적으로는 상대가 인간인지 인공지능인지 모르는 상태에서 사람에게 이 상대와 상호 작용(예를 들면 채팅 등)하도록 해서 인공지능인지 사람인지를 알아맞히게 합니다. 즉, 상대하는 인공지능이 얼마만큼 인간에 가까운지를 판정하는 것입

심벌리즘

심벌 규칙으로
지능을 만든다.

만약	체온 > 38도이면	감기일 수도 (70%)
만약	콧물이 멈추지 않으면	감기일 수도 (90%)
만약	몸이 나른하면	감기일 수도 (50%)
만약	카레가 엄청 먹고 싶다면	감기일 수도 (20%)

......

아마
감기일 것입니다.

커넥셔니즘

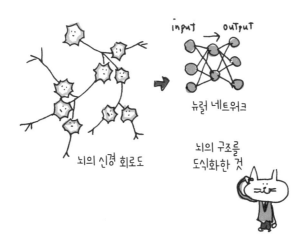

input → output

뉴럴 네트워크

뇌의 신경 회로도

뇌의 구조를
도식화한 것

튜링 테스트

니다.[15] 이 테스트를 높은 확률로 통과한 인공지능은 '튜링 테스트에 합격한 인공지능'이라는 인증을 받습니다.

---

[15] 역주   사람에 가까울수록 이 인공지능과 상대하는 사람은 인공지능을 사람이라고 판정하게 됩니다.

처음에 사용했던 것은 텍스트 채팅을 통한 테스트였습니다. 상대가 보이지 않는 방에서 한쪽에는 인공지능을 두고 다른 한쪽에는 사람을 배치해서 서로 채팅을 하게 합니다. 이 사람은 상대가 인공지능이라는 것을 모르며 상대를 어느 정도 사람이라고 착각하는지를 측정하는 테스트였습니다.

최근에는 디지털 게임 분야에서 이 테스트를 이용한 대회가 열리기도 했습니다(2K BotPrize). 여러 사람이 경합하는 온라인 대전 게임에서 정체를 숨긴 인공지능 캐릭터를 투입합니다. 그리고 인공지능이 조작하는 캐릭터가 어느 정도 사람으로 오인되는지를 측정하는 것입니다.

튜링 테스트라는 하나의 기준으로 이 테스트를 통과했다고 해서 사람과 동등한 정도라고 말할 수 없습니다. 하지만 사람과 인공지능의 경계를 탐구하는 지표로 유효하다고 볼 수는 있습니다.

⑥ 프레임 문제

현대 인공지능의 가장 큰 문제는 기본적으로 주어진 문제 외에는 해결할 수 없다는 것입니다. 즉, 프레임(frame, 일정 틀) 안에서만 사고할 수 있다는 점입니다. 이것을 **프레임 문제**라고 합니다. 프레임이라는 것은 구체적으로는 대상과 처리를 규정하거나 지식의 형태와 변경 방법을 규정하는 등 인공지능의 행동을 제한된 세계에 가

프레임 문제

두는 것을 가리킵니다.

모든 인공지능은 사람이 부여한 프레임 안에서 활동합니다. 인공지능은 프레임 안에서 규정된 것만 할 수 있으며 정해진 것 외에는 대응하지 못합니다. 인공지능이 스스로 프레임을 설정할 수는 없습니다. 무한한 자유가 주어지는 현실에서 유한한 문제를 도출하는 능력은 인간 고유의 것으로 적어도 현재는 인공지능이 도달하지 못한 영역입니다.

63 심신 문제, 심뇌 문제

마음을 물리적인 신체나 뇌 기능으로 환원시킬 수 있다는 주장이 제기되고 있긴 하지만, 반대로 마음은 영적인 존재로 물리적 신체와는 다른 기원을 가진다는 주장도 있습니다. 이 신체(또는 뇌)와 마음의 관계에 대한 문제를 **심신 문제**(또는 **심뇌 문제**)라고 합니다.

데카르트의 심신 이원론과 관련 있으며 신체와 정신을 둘로 나누어 연구를 전개하다 보니 물리적 세계와 정신적 세계의 탐구 방향성이 다르다는 것을 인지했습니다. 물리적 세계는 자연과학 영역에 속해 있지만 기계론적인 세계관이 주류를 이루고 있습니다. 그래서 마음도 기계론과 마찬가지로 환원 주의적으로 설명할 수 있을 거라 생각한 것입니다.

심신 문제, 심뇌 문제

나는 생각한다 고로 존재한다?

마음

주체

두 개의 대응 관계를 '의미'라고 한다.

Apple

기호

사과 = 현실

Apple —x—

기호

? 사과 = 현실

AI

고양이지만

사람

얼룩무늬
+
말

기호 + 기호

얼룩말

두 개의 개념을
기억하고
있으면

아, 이게
얼룩말이구나.

이해할 수 있어.

얼룩무늬
+
말

음, 모르겠다.

하지만 마음에는 자연과학으로 접근할 수 없는 문제가 있었습니다. 지능은 물질임과 동시에 물질이 아니기 때문입니다. 뇌세포의 분자가 바뀌어도 지능은 아무렇지 않게 지능으로서 존재합니다. 즉, 의식에는 지속성이 있으며 우리들이 체험하고 있는 지적 활동이나 의식을 자연과학으로 접근하기에는 한계가 있었습니다. 정신적 세계에 대한 '해명'은 언제나 모호합니다. 인공지능은 과학 영역에 속함과 동시에 정신 세계에도 속해서 심신 문제, 심뇌 문제와 깊은 관련이 있는 것입니다.

64 강한 AI, 약한 AI

'강한', '약한'이라는 것은 인공지능이 무엇을 할 수 있는지에 대한 철학적 비판으로부터 나온 용어로 여러 가지 의미를 담고 있습니다.

약한 AI라는 것은 '인공지능은 지능이 있는 것처럼 행동하는 것이 전부다'라는 주장에 근거한 표현입니다. 반면 **강한 AI**라는 것은 '인공지능은 정말로 생각할 수 있다'라는 주장에 근거를 두고 있습니다. 이 표현들은 인공지능의 능력을 평가하는 것이 아닙니다. 인공지능의 능력 여부를 평가하는 기준이 아니라 인공지능에 대해 어떻게 생각하는지를 표명하기 위한 것입니다.

강한 AI, 약한 AI

제가
이겼습니다!

운전은 나한테
맡기세요.

이것은
고양이예요.

특정 분야에
특화된 AI를
'약한 AI'라고 한다.

뭐든지 다 할 수는 없어요.

뭐든지 할 수 있는
만능 AI를
'강한 AI'라고 한다.

65 심벌 그라운딩 문제

대부분의 인공지능은 기본적으로 기호(심벌)를 사용해서 생각합니다. **뉴럴 네트워크**(p.90)처럼 수치 시뮬레이션을 사용해서 패턴을 인식하는 기법도 있지만 특정 기호를 통해 이해하는 것이 일반적입니다. **심벌 그라운딩 문제**(기호 접지 문제)란 인공지능이 사용하는 기호가 현실 또는 현실에 존재하는 대상에 대응하고 있는지에 대한 문제입니다.

사람은 기호가 가리키는 영역을 교묘하게 확장해 가며 기호를 사용합니다. 하지만 인공지능이 기호를 사용하는 경우에는 그 의미와 효력이 **프레임**(p.195) 또는 **지식 표현**(p.167) 내에서 미리 정의되어 있어야 합니다. 인공지능이 학습 능력을 가지고 있다고 해도 미리 정의된 기호의 의미 및 효력을 변화시키지는 않습니다.

심벌 그라운딩 문제

66 중국어 방

중국어 방이란 철학자 존 설(John Searle)이 인공지능을 비난하기 위해 사용한 실험입니다. 특별히 중국어가 아니어도 상관없었지만 '이해할 수 없는 것을 친밀하게 표현하기 위한 언어'라는 의미에서 중국어를 선택했다고 합니다.

어떤 방에 한 사람의 작업 인원을 배치합니다. 그가 하는 일은 밖에서 전달된 기호를 매뉴얼에 있는 방법대로 새로운 기호로 바꾸어 다시 밖으로 전달하는 것입니다. 밖에서 전달되는 기호를 질문이라고 하고 반환하는 것을 응답이라고 하면 대화가 성립됩니다. 이 일련의 작업을 통해 작업 인원이 입력 기호에 대한 아무런 지식이 없더라도 대화가 가능하다는 것을 확인할 수 있습니다. 즉, 아무것도 이해하지 못한 존재가 지능을 가졌다고 간주할 수 있게 되는 것입니다.

이것을 인공지능에 적용하면 '아무리 복잡한 인공지능도 자세히 뜯어보면 본질은 이 작업 인원과 같으며, 세상에서 오는 입력을 변환해서 출력하고 있는 것이 전부다'라고 인공지능을 비판하는 것입니다. 실제 인공지능에게도 그런 부분이 있으며, 인공지능이 가진 능력인 '수집한 정보를 변환하는 처리'를 자세히 보면 '대상(기호)에 대한 처리'로 환원할 수 있습니다. 하지만 이것은 '생물이 분자로 구성되었다'라고 하는 것과 같으며, 수천수만의 처리를 조합한 것은 처리 이상의 무언가를 만들어 낼 수 있습니다.

이와 같이 중국어 방은 부분적으로는 날카로운 지적을 하고 있지만, 반론의 여지가 있어서 비판의 대상이 되기도 합니다. 그렇다고 해도 중국어 방은 인공지능이 가진 특정 결점을 명확히 간파하고 있어서 그 비판은 성공했다고도 볼 수 있습니다.

13

인공지능이
사용하는 숫자

67 경사하강법

경사하강법은 **뉴럴 네트워크**(p.90)의 역전파법 학습에서 사용되는 수렴 알고리즘입니다. 제한된 단계 내에서 주어진 함수의 해를 찾을 때 사용합니다.

가장 간단한 1차 함수를 예로 설명하자면, 함수상의 임의의 한 점부터 시작하는 직선을 그립니다. 이 직선이 X축과 교차하는 점이 X좌표로 함수상의 한 점을 찾습니다. 여기서부터 다시 동일한 과정으로 '직선을 그린다'는 처리를 반복하면 해당 함수의 해에 근접하게 됩니다. 초깃값에 따라선 해가 수렴하지 않는 경우도 있어서 반드시 수렴이 보장되는 것은 아닙니다. 퍼셉트론형 뉴럴 네트워크의 역전파법이 수렴하는 것은 이 경사하강법이 일반적인 다차 함수에서 성립하기 때문입니다.

경사하강법을 다른 측면에서 보면 시작하는 초깃값에 따라 수렴하는 해가 정해집니다. 이것을 복소함수로 보면 복소 평면의 임의의 점에서 해당 복소함수의 어떤 해에 수렴하는지가 정해집니다. 어떤 해에 수렴하는지를 색을 나누어 표현하면 프랙털 도형이 그려집니다. 예를 들어 $Z^3 = 1$과 같은 간단한 함수에도 프랙털이 그려집니다. 경사하강법은 카오스 이론의 초기 조건 민감성(sensitivity to initial conditions) 성질을 지니고 있다고 볼 수 있습니다.

전진

해

평가
함수의 산

아직 내려가고 있어.

올라가고 있네.

이런 형태
인가?

아직은 전진!

에? 너무 갔나?

…… 잠깐 되돌아가 보자.

골짜기(답)에 도달했어.

골짜기라고 해도
진짜 해라고 볼 수 없어.

지역 최솟값

더 깊은
골짜기에
있나?

진짜 해

68 지역 최솟값

지역 최솟값(local minimum)은 원래 수학 개념으로 방정식의 해 중 하나에 수렴하는 것을 가리킵니다. 또한 해당 해의 근방에서만 최솟값을 취하는 점으로 **전역 최솟값**이 아닌 것을 말합니다.

소프트웨어상에서 방정식을 푸는 경우에는 제한된 단계로 해에 근접해 가지만, 이것은 지역 최솟값에 다다르면 멈춰 버리는 현상이 있습니다. 이것을 '지역 최솟값에 수렴한다'라고 합니다. 참값에 도달하지 못하고 지역값으로 끝난다는 부정적인 표현입니다. 일상생활에서 비유적 표현으로도 쓰이는데, '좁은 시야로만 생각한다'고 타인을 비난할 때 주로 사용합니다.

69 퍼지 이론

사람들은 높다, 뜨겁다, 많다, 무겁다 등 '양적'인 표현을 할 때 수치를 사용해 양을 엄밀하게 언급하지는 않고 모호하게 표현합니다. 이런 모호한 양을 수리적으로 다루려면 특정 수치 이상, 특정 수치 이하와 같이 구분해서 생각하는 것도 하나의 방법입니다. 하지만 퍼지 이론은 '모호함을 남겨 둔 채 수리적인 표현을 사용하고 싶다'라는 요구에 부합합니다.

퍼지 이론에선 어떤 값 이상이면 틀림없이 키가 크고 어떤 값 이하면 키가 작다 하는 값을 설정합니다. 예를 들어 180cm 이상

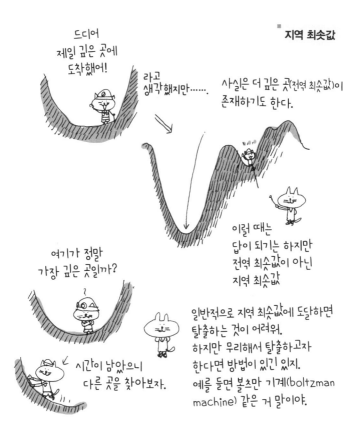

드디어 제일 깊은 곳에 도착했어!

라고 생각했지만……

사실은 더 깊은 곳(전역 최솟값)이 존재하기도 한다.

이럴 때는 답이 되기는 하지만 전역 최솟값이 아닌 지역 최솟값

여기가 정말 가장 깊은 곳일까?

일반적으로 지역 최솟값에 도달하면 탈출하는 것이 어려워. 하지만 무리해서 탈출하고자 한다면 방법이 있긴 있지. 예를 들면 볼츠만 기계(boltzman machine) 같은 거 말이야.

시간이 남았으니 다른 곳을 찾아보자.

이라면 키가 크고, 150cm 이하이면 키가 작다, 라고 설정했다고 합시다. 이때 신장 180cm(이상)인 사람은 '키가 클 확률 1', 신장 150cm(이하)인 사람은 '키가 클 확률 0'이라고 표현합니다. 그리고 신장 170cm인 사람은 '키가 클 확률 0.7', 160cm인 사람은 '키가 클 확률 0.3' 하는 식으로 표현합니다. 이와 같이 모든 신장을 '키

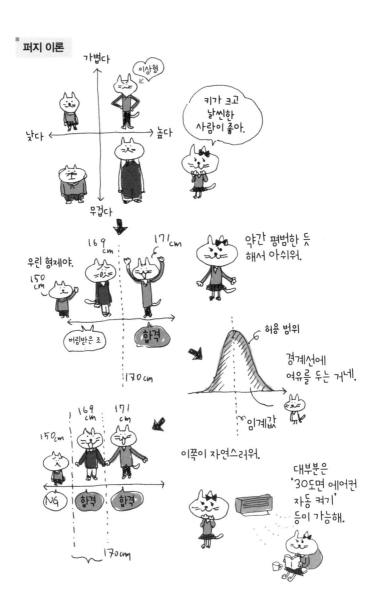

퍼지 이론

가 클 확률 0~1'로 표현할 수 있습니다. 이런 표현에 의해 179cm인 사람은 단 1cm가 모자라서 키가 작다고 분류되는 문제를 피할 수 있습니다.

최근에 출시되는 에어컨에는 퍼지 기능이라는 것이 탑재되어 있습니다. 이것은 '약간 덥다'나 '꽤 춥다' 등의 애매한 감각에 대응할 수 있다는 것을 의미합니다.

70 카오스

한때 카오스(chaos), 프랙탈(fractal), f분의 1 노이즈, 퍼지 등의 용어가 전자 제품 등의 광고 등에 선풍적으로 등장한 적이 있습니다.

카오스라는 것은 그리스어의 khaos로부터 온 것으로 현재는 chaos (혼돈이라는 의미)라고 표기하는 것이 일반적입니다. 카오스의 일반적 정의는 다음과 같습니다.

특정 시스템 또는 특정 시점의 상태(=초깃값)가 정해지면 그 뒤의 상태는 원리적으로 모두 결정된다는 결정론적 법칙을 따르고 있지만 매우 복잡하고 불규칙적이며 불안정하게 움직여서면 미래의 상태를 예측할 수 없는 상태

간단히 말하자면 '이론적으로는 계산 가능하지만 실제는 미래에 어떤 값이 될지 예측할 수 없는 현상'입니다. 1961년 기상학자 에드

워드 로젠즈(Edward Lorenz)는 날씨를 예측하기 위한 방정식을 만들어서 2회 계산했지만 전혀 틀린 답이 나왔습니다. 원인을 조사한 결과 첫 계산에선 소수점 이하 여섯 자리까지를 초깃값으로 설정했지만, 2회째 계산(검산)에선 소수점 이하 세 자리까지의 초깃값을 사용했다는 것을 알아냈습니다. 카오스의 존재를 몰랐던 당시에는 소수점 이하 여섯 자리의 데이터를 세 자리로 바꾸어도 계산 결과에는 큰 영향이 없을 거라 생각했습니다. 하지만 이 소수점의 차이가 계산 결과에 큰 차이를 초래한 것입니다.

아주 작은 차이가 큰 차이를 초래하는 이 현상을 **나비 효과**(butterfly effect)라고 하며 다음과 같이 설명할 수 있습니다.

> 브라질에서 나비가 날갯짓을 하면 그 주변의 공기가 흔들려 나비가 열을 발생시킨다. 이것은 매우 미미한 양이지만 대기에 영향을 미치게 된다. 이 영향의 연쇄 작용이 기상에도 영향을 미쳐 결과적으로 수 주 후에 멀리 떨어져 있는 미국 텍사스에 토네이도를 발생시킨다.

이런 카오스적 현상은 물리학이나 수학 세계에서만 발생하는 것은 아닙니다. 신체의 심박수나 뇌파, 호흡, 그리고 무언가를 기억하려고 할 때 발생하는 뉴런의 흥분 등에도 카오스적인 움직임(리듬이 약간 흐트러지는)이 있다는 것이 발견되었습니다. 병이 있을 때는 이 카오스적인 움직임이 없어지고 호흡 등이 규칙적이라는 설도 있습니다. 즉, '정상이다=카오스적으로 흔들리고 있다'라는 것이 인간

멀리 떨어진 나비의 날갯짓이
날씨에 영향을 준다.

의 특징이라고 합니다. 엉뚱한 생각이나 영감 같은 것도 이 카오스
적 흔들림의 최종적 효과로 발생하는 것일 수도 있습니다.

인공지능이
할 수 있는 것과
할 수 없는 것

'인공지능에 의해 직업이 없어질 것인가?' 하는 논의가 있습니다. 이것은 나날이 발전하는 인공지능에 대한 불안한 심리를 나타내는 것입니다. 또한 '인공지능에 의해 사회가 어떻게 변할 것인가?' 라는 논의도 있습니다. 안타깝게도 인공지능 전문가는 사회학 전문가가 아니며, 사회학 전문가는 인공지능 전문가가 아니므로 누구도 이 불안을 완전히 해소해 주지 못합니다.

하지만 직업이라는 것은 인공지능이 없어도 사회와 함께 변화하는 것이므로 이것을 인공지능의 탓으로만 돌리면 다른 원인에 의해 발목이 잡힐 수 있습니다. 이후로 인공지능이 실업의 주요 원인이 될 것은 분명합니다. 하지만 그렇게 빨리 사회가 변하지도 않을 것이며, 애당초 인공지능의 기술적 진화도 그렇게 빠른 편이 아닙니다. 또한 이 진화가 연속적으로 이루어지고 있는 것도 아닙니다.

뉴럴 네트워크는 20세기 전반의 연구에 의해 형성됐으며, 그중 하나인 딥러닝의 원형은 1979년의 네오코그니트론이고 그 학습법인 오토인코더는 2006년에 발표됐습니다. 그리고 이것이 세상에 알려지기까지 10년이 걸렸습니다.

이 장에선 인공지능이 지금까지 어떤 흐름을 만들어 냈고 그 흐름이 이후로 어떤 사회를 만들어 갈 것인지를 설명하고자 합니다.

1. 인공지능으로 세상을 바라본다
2. 인공지능은 유행을 반복한다
3. 정보화 다음은 지능화 사회

4. 직업과 인공지능

1. 인공지능으로 세상을 바라본다

지금 인공지능이라는 개념을 기준으로 세상을 바라보면 아주 멀리까지 내다볼 수 있습니다. 그 배경에는 인공지능 자체도 있지만 인공지능 외적인 것도 있습니다. 예를 들어 데이터 마이닝이나 빅데이터, 자율 주행 등은 인공지능이라는 문파 밖에 있었지만 지금은 인공지능의 일부로 언급되고 있습니다. 실제로도 이런 포괄적인 개념들을 하나로 보아야 이해하기가 쉬워집니다. 이것이 바로 '시대'라는 것입니다. 인공지능은 실체라기보다 하나의 방향성을 가리키는 용어가 되고 있습니다.

2. 인공지능은 유행을 반복한다

인공지능은 과거에 몇 번이고 유행을 탄 적이 있습니다. 하지만 유행이라고 해도 나라나 시대에 따라 정도나 방법이 달랐습니다.

1960년대의 1차 유행은 인공지능의 여명기로, 인공지능의 탄생에 고무된 연구자 커뮤니티를 중심으로 퍼져 나갔습니다.

2차 유행은 1980년대로 컴퓨터 보급과 함께 사회적 배경상 미래지향적인 분위기와 어우러지면서 인공지능이 각광을 받게 됩니다. 이 당시에는 지금은 생각하기 어렵지만 '인공지능'이라는 용어가 아직 '수상하다'는 의미를 지니고 있었습니다. 학술적으로 완전히 받아들여지지 않았으며 과도한 기대는 실망과 분노로 바뀌었습니다. 그리고 역시 수상한 것은 모호한 것이었다는 결론과 함께 인공지능은 추운 겨울을 맞이하게 됩니다. 일본에 인공지능학회가 만들어진 것은 1986년입니다.

2010년대의 3차 유행에선 인터넷에 축적된 거대한 데이터를 모체로 해서 인공지능이 발전했습니다. 이것이야말로 1980년대는 없었던 것입니다. 2000년 이후의 인공지능 연구는 방대한 문자 데이터의 해석이나 데이터 마이닝 처리에 중점을 둔 것이었지, 현재의 유행을 지탱하고 있는 이미지 데이터나 파형 데이터의 뉴럴 네트워크를 이용한 학습이 아니었습니다. 이렇게 연구와는 다른 방향으로 나아가고 있는 인공지능은 연구자들을 고민에 빠뜨리고 있습니다.

하지만 더 넓은 시야로 보면 인공지능이 왜 유행하기 쉬운지, 그리고 그것이 몇 번이고 반복되는 것은 왜인지 그 이유를 아는 것이 더 중요합니다. 왜냐하면 이후로도 다시 인공지능의 유행이 반복될 것이기 때문입니다.

유행을 반복하는 이유에는 인공지능의 광범위함과 연약한 기초가 있습니다. 먼저 광범위함은 인공지능이 다루는 분야가 폭넓고 인간에 관한 모든 과학과 지능에 관련된 엔지니어링, 그리고 철학까지 포함합니다. 이렇게 되면 앞서 언급한 것처럼 모든 것이 인공지능으로 보이게 됩니다. 1980년대의 5세대 컴퓨터에는 컴퓨터 운영시스템을 인공지능화하자는 비전이 포함되어 있었습니다. 인공지

AI를 한마디로 설명하는 것은 무리야.

AI는 모든 분야를 기반으로 하고 있어.

첫 번째 유행 퍼셉트론
두 번째 유행 역전파
세 번째 유행 딥러닝

세 번째 시도네.

AI의 신

뉴럴 네트워크의 대표 모델

능에는 다른 분야를 흡입하는 힘이 있는 것입니다.

다음은 연약한 기초입니다. 광범위함에도 불구하고 인공지능을 정의하는 것은 매우 어렵습니다. 열 명의 연구자가 있다면 열 명 모두 다르게 정의할 것입니다. 이것은 지능이라는, 다양하면서도 핵심이 없는 대상을 연구하고 구축하려고 하는 이 분야의 두드러진 특징입니다. 따라서 논의할 때마다 정의를 바꾸게 되고, 나쁘게 말하면 대충해서 맞추는 논의, 좋게 말하면 유연한 논의를 전개할수 있는 것입니다. 애당초 딥러닝 같은 뉴럴 네트워크와 IBM 왓슨같은 기호에 바탕을 둔 지식 기반 인공지능은 동일 인공지능이라고 할지라도 전개 방향이나 능력 방향은 반대입니다.

하지만 이런 끝없는 모호함이 인공지능의 매력 중 하나로 사회에 스며들기 쉬운 유연함이 되기도 합니다.

3. 정보화 다음은 지능화 사회

시야를 조금 넓혀서 인공지능이 변화시키는 세상의 흐름을 살펴보도록 하겠습니다. 이것이 이후 여러분들의 의사 결정에 큰 도움이될 것입니다.

1980년대 인공지능에는 없고 현재는 있는 것, 그것은 무엇일까요? 네 가지가 있습니다. 고성능 컴퓨터, 그것을 연결한 인터넷, 그 위에 축적된 빅데이터, 그리고 컴퓨터를 확장시켜 가는 센서들입니다. 이 요소들이 조금씩 조합되면서 현재의 인공지능이 만들어지고 있는 것입니다.

기점이 되는 것은 데이터 센터나 각 기업 내에 설치되어 있는 서버입니다. 서버라는 것은 고성능의 컴퓨터 같은 것으로 사용자가 온라인 게임이나 쇼핑 사이트 등의 서비스를 이용할 때 접속하는 장비입니다.

서버에는 수많은 사용자가 휴대전화나 컴퓨터를 이용해서 접속하며 관련된 정보를 남기게 됩니다. 사용자가 상품을 구매하지 않더라도 무엇을 클릭했는지 등의 이력은 남습니다. 그리고 이 정보들은 대규모 데이터를 이루게 되며 인공지능을 자라게 하는 모체가 됩니다. 인공지능은 인터넷을 돌아다니며 데이터의 바다에서 스스로 학습을 합니다. 우리가 사용하는 검색 엔진도 인공지능의 일종입니다. 검색 엔진은 웹 에이전트가 인터넷을 통해 수집한 데이터로부터 사용자가 원하는 데이터를 추출합니다. 우리들은 검색 엔진의 도움을 받아 인터넷을 여행합니다. 검색 엔진의 도움 없이는 데이터의 바다가 너무 깊어서 앞으로 전진할 수가 없습니다. 디지털 공간에선 사람보다 인공지능이 더 우수한 능력을 발휘합니다. 검색 엔진은 아주 짧은 시간 내에 필요한 데이터를 데이터베이스로부터 찾아 줍니다.

우리들은 인공지능이라는 배를 타고 인터넷 공간을 여행하고 있는 것입니다. 지난 20년간은 인터넷상의 인공지능을 모색한 시기였습니다. 그리고 이후로도 더 강력한 검색 능력과 더 추상적인 정보나 개념을 찾을 수 있는 검색 능력을 가진 인공지능을 통해 빠른 속도로 축적돼 가는 데이터의 바다를 여행하게 될 것입니다.

하지만 현실 공간에선 이 관계가 역전됩니다. 현실 공간의 왕은 인간입니다. 현실 공간에서의 인공지능은 너무 무력합니다. 예를 들어 청소 로봇을 움직이기 위해서는 미리 어느 정도 방을 정리해 둘 필요가 있습니다. 물론 정리한 뒤에는 청소 로봇이 힘을 발휘해서 스스로 청소하기 시작합니다. 로봇과 인공지능은 정해진 프레임 안에선 절대적인 힘을 가집니다. 하지만 현실은 노이즈와 불규칙이 혼재하는 환경입니다. 인공지능이 어느 정도의 유연성을 가지는 것조차 어렵습니다. 따라서 '지능화 사회'의 최초 단계란, 사람이 설정한 문제를 인공지능이 담당하는 사회가 될 것입니다. 과장되게 말하면 사람은 인공지능이 활약할 수 있게 준비만 해 두고 나머지는 인공지능에게 맡기는 사회가 되는 것입니다. 20년 전의 컴퓨터가 그랬던 것처럼 다양한 시행착오를 통해 사람이 인공지능을 사회에 융화시키고 성장시켜 나가는 것입니다. 그 다음 단계는 더 정교한 형태로 사람과 인공지능이 하나가 되는 사회가 도래할 것입니다.

4. 직업과 인공지능

지능화 사회, 인공지능이 도입된 사회의 최초 단계에선 인공지능이 활약할 수 있는 장을 마련할 필요가 있다는 것을 앞에서 설명했습니다. 이것은 컴퓨터가 막 도입되었던 시기와 닮았습니다. 컴퓨터를 제대로 활용하는 방법을 고민한 끝에 다양한 서비스를 전개할 수 있었던 것입니다.

인공지능이 마음대로 사회에 진입할 수는 없습니다. 그 준비를 우리가 해야 하는 것입니다. 대부분의 인공지능은 '완고한 전문가'라고 할 수 있습니다. 주어진 문제의 틀 안에선 놀라운 능력으로 쉬지 않고 작업하지만, 주어진 틀과 조금만 달라져도 흥미는커녕 손가락 하나 움직여 주지 않습니다. 인공지능에는 사람과 같은 응용 능력이 없는 것입니다. 인간의 뇌는 유한하지만 응용 능력에 의해 사물의 유사성을 파악하고 한 가지 문제에 대한 해결책을 다른 문제에도 적용할 수 있습니다. 방을 청소할 수 있는 사람은 주어진 일도 잘 정리할 수 있으며, 요리가 특기인 사람은 화학 실험에 능할지도 모릅니다. 하지만 인공지능은 병적일 정도로 하나의 문제에만 편향되어 있습니다.

따라서 사람의 직업이 인공지능에 의해 대체될 것인가에 대한 질문의 답은 '아니요'일 수밖에 없습니다. 왜냐하면 단일 작업만 요구하는 직업은 세상에 많지 않기 때문입니다. 그런 일은 이미 로봇으로 대체되고 있습니다.

청소 로봇 때문에 청소 일이 없어지는 것 아니냐고 질문할 수도 있습니다. '청소'만이라면 그럴 수도 있습니다. 하지만 예를 들어 공원을 청소하는 로봇을 생각해 봅시다. 전날 강한 바람으로 간판이 바닥에 떨어졌습니다. 청소 로봇은 이런 상황에 대처하지 못하고 간판에 걸려 버립니다. 그리고 사람이 이 상황을 도와줍니다. 그리고 이후로는 이 문제에 대처할 수 있도록 업데이트되어서 간판이 있으면 간판을 피해서 청소할 수 있게 됩니다. 다음 주에는 거대한 구멍이 바닥에 생깁니다. 아이들이 놀다가 구멍을 만들어 버린 것입니다. 로봇들은 모두 이 구멍에 떨어져서 움직이지 못하게 됩니다. 이런 모습은 사진에 찍혀 SNS에 업로드되어 큰 화제를 불러모을 것입니다. 로봇은 다시 구멍에 대처할 수 있게 업데이트되고 구멍이 생기면 그것을 메우도록 프로그램됩니다. 하지만 그 다음 주에는 태풍으로 공원이 침수되고 로봇들은 감전되고 맙니다. 인공지능은 현실에서 발생하는 무한한 문제에 대해선 쳇바퀴를 도는 다람쥐와 같습니다. 그럼에도 불구하고 언젠가는 대부분의 문제를 해결할 수 있게 될 것입니다. 이것은 인공지능을 개발하는 회사의 자산이 됩니다. 공원을 청소하는 로봇을 만드는 회사는 그 분야의 문제를 해결한 인공지능 전문가가 돼서 세상에 공헌하는 것입니다. 하지만 당분간은 사람의 관리가 필요하며 로봇들이 제대로 일을 할 수 있도록 돌봐 주어야 합니다.

다른 직업도 마찬가지입니다. 접대용 로봇이 다양한 고객에게 대응하려면 시간이 걸립니다. 의사 대신에 진료하는 로봇이 만들어진다고 해도 검색만 가능하고 첫 진단에 의한 문제의 답을 찾는 것이 어렵습니다. 변호사를 인공지능으로 만들자는 아이디어도 있지만 애당초 의뢰인의 요건을 정리하는 능력이 없습니다. 의뢰인이 인공지능이 제공하는 양식에 따라 입력해 주면 좋지만 사람은 이

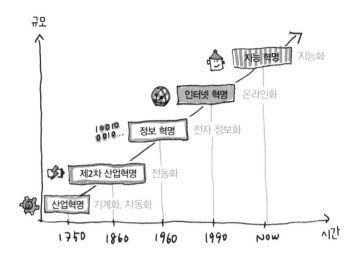

야기를 순서 없이 말하기 마련입니다. 만약 변호사 사무실에서 인공지능을 운영한다고 하면, 먼저 사람 변호사가 의뢰인의 요건을 정해진 양식으로 정리한 후에 비슷한 범례를 찾기 위해 인공지능을 활용하는 것이 좋습니다. 마치 만물 박사처럼 사용하는 것입니다. 법정에서도 현재는 인공지능이 힘을 발휘하지 못합니다. 왜냐하면 인공지능의 가장 큰 약점은 이야기의 흐름을 읽는 것이기 때문입니다. 따라서 변호는 사람에게 맡겨야 합니다.

인공지능이 당면한 것은 컴퓨터가 일상생활에 진입하는 것과 같은 연장선상에 있다고 생각하는 것이 좋습니다. 컴퓨터는 20년에 걸쳐 편리한 도구로 자리 잡았습니다. 그 다음에는 그 연장선으로 인공지능이 생활을 더 편리하게 해 줍니다. 하지만 컴퓨터가 그랬던 것처럼 인공지능도 사람이 그 활용법을 찾아야 합니다.

다시 최초의 질문으로 돌아가 보도록 하겠습니다. '인공지능에 의해 직업이 없어질 것인가?'란 질문에 답한다면 '하나의 직업 내에서 특정 작업의 일부가 인공지능으로 대체될 것이다. 하지만 직업 자체는 급격히 사라지지 않는다'라고 답할 수 있습니다. 그리고 이 변화는 컴퓨터가 도입됐을 때도 이미 체험한 것입니다. 먼저 자신의 일을 상세하게 분해해서 목록으로 만들어 봅시다. 그리고 그 중 어떤 것을 인공지능에게 맡길 수 있는지 생각해 보는 것입니다. 자신의 일 중 몇 퍼센티지가 인공지능으로 대체될지가 보일 것입니다.

정리

사람들이 인공지능을 민감하게 받아들이는 것은 사람에게 있어 지능은 정체성이기 때문입니다. 사람과 다른 생물을 구분하는 것이 지능이라고 생각하는 것입니다. 사람 사이에서도 자신과 타인을 구분하는 것이 지능의 정도라고 생각하기도 합니다. 그 영역에 인공지능이 끼어들면 사람은 불안을 느낄 수밖에 없습니다. 인공지능은 수천 년 만에 등장하는 첫 침입자인 것입니다. 하지만 이것은 오히려 인간이 변화해야 할 기회이기도 합니다.

지능화 사회의 최초 단계를 넘어 우리가 인공지능이라는 지성과 협력하는 시대가 도래할 것입니다. 그때 하나의 직업이란 인공지능과 사람이 협력해서 성립하는 것이 될 것입니다. 이때를 '특이점'이라 부른다고 앞서 설명했습니다. 특이점은 아주 천천히 다가올 것입니다.

이것은 결코 인공지능이 사람을 넘어서는 시점을 가리키는 용어가 아닙니다. 만약 그렇다고 하면 인간은 이미 오래전에 계산 능력으로 계산기에 졌고, 주행 능력으로 차에 졌으며, 기억 능력으로 데이터베이스에 진 것입니다. 하지만 인공지능은 그렇게 사람과 가깝지 않습니다. 같은 경기장의 트랙을 함께 달리는 경쟁자가 아닙니다. 오히려 협력해서 경기를 이끌어 나가는 파트너입니다. 시대가 바뀌면서 상호 간의 차이가 명확해질 것입니다. 그때는 우리 자신이 인공지능을 보완하는 마지막 존재라는 것을 알게 될 것입니다.

진솔한 서평을 올려주세요!

이 책이나 이미 읽은 제이펍의 다른 책이 있다면, 책의 장단점을 잘 보여주는 솔직한 서평을 올려주세요.

매월 다섯 분을 선별하여 원하시는 제이펍 도서 1부씩을 선물해드리겠습니다.

- 서평 이벤트 참여 방법
  - 제이펍의 책을 읽고 자신의 블로그나 인터넷 서점에 서평을 올린다.
  - 서평이 작성된 URL을 적어 아래의 계정으로 메일을 보낸다.
    review.jpub@gmail.com
- 서평 당선자 발표
  매월 첫 주 제이펍 홈페이지(www.jpub.kr) 및 페이스북(www.facebook.com/jeipub)에 공지하고 당선된 분에게는 개별 연락을 드리겠습니다.

독자 여러분의 응원과 질타를 통해 더 나은 책을 만들 수 있도록 최선을 다하겠습니다.

찾아보기